中国经济热点观察丛书

资产价格与通货膨胀

唐斯斯 著

创于1897　商务印书馆
The Commercial Press

2011年·北京

图书在版编目(CIP)数据

资产价格与通货膨胀/唐斯斯著.—北京:商务
印书馆,2011
（中国经济热点观察丛书）
ISBN 978 - 7 - 100 - 07584 - 8

Ⅰ.①资…　Ⅱ.①唐…　Ⅲ.①股票价格—
影响—通货膨胀—研究—中国②房地产价格—
影响—通货膨胀—研究—中国　Ⅳ.①F822.5

中国版本图书馆 CIP 数据核字(2011)第 162471 号

中国经济热点观察丛书

资产价格与通货膨胀

唐斯斯　著

商 务 印 书 馆 出 版
（北京王府井大街36号　邮政编码100710）
商 务 印 书 馆 发 行
北京市白帆印务有限公司印刷
ISBN 978 - 7 - 100 - 07584 - 8

2011 年 11 月第 1 版　　　　开本 880×1230　1/32
2011 年 11 月北京第 1 次印刷　　印张 8⅜
定价: 21.00 元

总　序

　　中国经济持续 30 多年的高速增长被国外一些人称为神话,赞叹羡慕者有之,冷静观察者有之,怀疑和"唱衰"者有之,恶意攻击者甚至也不乏其人。国内民众和研究界,在切身感受祖国日新月异变化的同时,越来越多地议论和分析我们在经济发展过程中所遇到的问题和挑战。其中大多数问题和挑战,在过去我们发展水平很低的时候,一般不会出现,或没有像今天这样严重。经过一段时期的发展,新的问题和挑战还会不断涌现出来。正像邓小平曾经预言的那样,中国发展起来以后,可能比不发展时遇到的问题还要多。

　　中国经济发展和转型,是在全球化、市场化、工业化、城市化、信息化的背景下展开的。今天,这五大趋势不断深化,对中国经济的影响比改革开放初期要明显得多,深刻得多。我国和平发展的外部环境复杂多变,不确定因素增加;中国经济社会转型所涉及的人口规模和地区范围之巨大、时间之紧迫,在世界历史上绝无仅有;中国经济发展的后发优势(例如可借鉴外国先进经验和技术)和后发劣势(例如受制于历史包袱和外部挤压)紧密交织在一起;资源环境人口压力明显加大;中国社会转型蕴含的多元利益矛盾空前复杂,公正和谐的诉求和呼声空前高涨,如此等等。这些问题和挑战是中国成长过程中不得不面对的,可以说是成长的烦恼,前进的困惑。

"多歧路,今安在?"中国人不相信什么神话和奇迹,我们更愿意运用自己的头脑和双手,经过一代又一代承前启后、披荆斩棘的努力,扫清前进道路上的障碍,化解面临的各种风险和挑战。我们不仅需要直挂云帆、长风破浪的豪情壮志,更需要慎思、明辨、笃行的严谨务实。对经济研究者来说,我们尤为需要对当前面临的热点问题进行客观冷静的观察,进行视野广阔的对比,进行有前瞻性的研究,最终都是为了增强我们经济社会肌体的免疫力,扩大中国经济和社会应对各种冲击的回旋余地。

丛书共四册,四位青年经济学者分别对中美产业互补性和贸易、城市化与金融发展、资产价格与通货膨胀、城市品牌与政府信息化等热点问题进行了比较深入的思考和有益的理论探索,为从事经济学研究的同行提供了有价值的研究成果和文献资料。四位作者注重利用现实经济素材,特别重视理论与实践相统一,发现问题与解决问题相结合,为解决中国经济发展中存在的现实问题提出了一些有创见的政策思路,让我们感受到青年经济学者对中国经济的敏锐洞见,他们对国家命运的责任感、使命感和与时俱进的实践价值取向,也是令人印象深刻的。

张丽平博士的《中美产业互补性研究》,客观分析了中美产业互补关系和贸易对两国带来的积极影响,并尖锐指出这种互补关系客观上也造成"顺差在中国、利益在美国"的双边贸易不平衡,实质上反映了利益分配的不平衡。中国的对外贸易仍以劳动密集型为主,资源环境对出口和经济发展的约束越来越突出,传统的低成本优势正在弱化。作者提出,我们应当抓住全球化、低碳经济、金融危机以及美国国内政策调整等机遇,利用自身的劳动力成本相对低廉、国内市场规模大、制造业能力强等优势,重新塑造中美之间的经济互补关系,化解风险和应对挑战。中国首先应加快外贸转型升级,力争掌握全球价值链未来发展的主动权,摆脱受制于人的局面;其次要保持与美国经贸关系的稳定,尽量避免敌对状态的出现,努力争取更加平等互利的中美产业互补关系。作者多年在国务院发展研究中心对外经济研究部从事政策研究,这本书具有开阔的国际视野,实践依据比较扎实,政策建议思路也有较强的针对性。

赵峥博士的《中国城市化与金融支持》,综合运用宏观经济学、发展经济学、空间经济学、产业经济学和城市经济学等学科的相关理论,对中国城市化进程中的金融支持问题进行了深入探讨。作者结合中国城市化的发展特点,围绕人口、产业和空间布局三大主线,研究了金融支持城市化的内在机理,提出了推动中国城市化进程的金融支持路径,为深化相关研究提供了新的思路。特别值得提到的是,作者设计了城市化指数和金融支持度指数,并构建了相应的评价指标体系。根据作者的测度,金融支持对中国城市化的推动作用非常显著,金融支持水平每提高 1 个百分点,能促进城市化水平提高 0.855 个百分点。这在金融支持与城市化的量化研究中具有一定的创新性。作者在北师大学习期间,参与了中国市场化进程的多年连续研究,把相关的数量测度方法运用到金融支持与城市化的研究中,使实证分析有更加鲜明的说服力。这种善于运用多学科方法拓宽研究视野从而深化研究内容的做法,是值得称道的。

唐斯斯博士在《资产价格与通货膨胀》一书中,分析了资产价格波动影响通货膨胀的传导机制、影响效果,政策应当如何调控等问题。作者阐明资产替代行为是资产价格波动进而影响通货膨胀的微观基础；引入资产价格因素，构建了广义的价格水平指标API，并且证明其能很好反映居民消费价格CPI的未来走势，也阐明了资产价格的波动对通货膨胀的作用路径。作者计算出能更为合理调控我国经济波动的规则利率值，认为规则利率应该等于均衡实际利率加上通货膨胀变动率、产出缺口率以及房价变动率的加权值，这样更能及时调控经济的冷热，也更能反映物价的变动情况。大家知道，近些年来人们对物价总水平涨幅的实际感受与CPI统计数字有较大出入，非议较多，一个重要原因在于CPI不包括房价。根据国际通行统计方法，房价和股价属于资产价格，不宜包括在CPI中。随着我国楼市和股市等资产市场的发展，资产价格与物价总水平、与宏观经济稳定的关系越来越密切，我们需要不断完善和补充更为符合经济运行复杂状况的观察方法和宏观调控依据，作者的研究成果对深化学术探讨和提供政策参考，都是有益的。

　　钱明辉博士的《城市品牌与政府信息化》一书，通过对中国主要城市政府网站开展实证研究，专门探讨了基于城市品牌的政府网站建设模式和建设策略，把城市品牌的研究与政府信息化建设的研究结合起来，具有一定的前瞻性。这个选题反映了我国城市化进程和政府公共管理方面的某些新动向、新趋势，在可资借鉴的研究成果不多的情况下，作者努力进行实证分析和案例研究，能够取得目前的成果，也是难能可贵的。

　　总体上看，丛书选题角度新颖，视野开阔，论证条理清晰，资料详实，注重专业性，同时注意运用交叉学科的研究方法；既展现了青年经济学者严谨的治学作风、良好的学术背景和研究能力，也反

映了年轻人敏捷活跃的思维和积极探索的精神。当然,中国经济
发展中的热点问题相当复杂,一些短期热点问题可能会很快变化,
而一些中长期热点问题则可能具有相对稳定性,需要不断跟踪、积
累资料和完善研究方法。丛书的选题需要反映这些进程,现有的
研究需要深化,观察问题的角度需要深入挖掘,有些观点也还需仔
细斟酌。青年学者最令人羡慕的是拥有活力和未来,最值得期许
的是立足现实,心怀天下,砥砺学养,提炼真知。

卢中原

2011 年 6 月 3 日

序

　　实践证明,无论是资产价格的大幅波动还是通货膨胀的剧烈变化都会对一国经济产生重大影响。近些年来,我国政府部门和众多学者就如何应对房地产价格、实体部门价格持续攀高的问题进行了多角度研究,对资产价格与通货膨胀的关系进行了深入探讨,这对于实现中国经济的长期平稳较快发展,具有重要的现实意义和理论价值。

　　股票与房地产是中国百姓投资的主要资产品种,作者通过股票价格与房地产价格的研究,进一步探索了我国资产价格与通货膨胀之间的逻辑关系。作者在梳理和总结前人研究成果的基础上,立足于资产价格波动的微观基础即资产替代进行深入分析,对资产价格的波动如何影响通货膨胀进行了理论阐释和实证研究。作者认为,资产价格波动对通货膨胀具有滞后影响,需引起我国政府高度重视,仅用 CPI 作为货币政策制定的参考指标已经不能全面准确地反映现实情况。书中构建了一个纳入资产价格的广义的价格水平指标 API 数据,初步论证了该指标比 CPI 更适合用于制定货币政策参考指标的理由。同时,作者对泰勒规则进行了修正并计算出可以更为合理调控我国经济波动的规则利率值,认为该规则利率应该等于均衡实际利率加上通货膨胀变动率、产出缺口率以及房价变动率的加权值。作者的研究方法和一些结论具有一定的学术价值和政策制定参考价值,其勇气和探索精神值得称赞。

本书也存在一些欠缺之处。比如，通货膨胀对资产价格的影响分析相对较少，资产价格受预期影响而出现剧烈波动的问题，资产价格的广义价格指数稳定性问题等方面尚未涉及，希望作者在以后的研究中进一步深入和加强。

看到新一代青年学者逐渐成长令人欣慰。他们勤奋，热情，朝气蓬勃，展现出较强的开拓精神和创新精神。国家信息中心承担着为国家宏观经济管理部门提供决策支持的任务，鼓励青年学者致力于中国经济的热点、难点问题深入研究，并通过重大课题研究培养和促进青年研究人员的快速成长。我衷心祝愿唐斯斯博士能够在未来的研究工作中取得新的成绩。

王长胜

2011 年 10 月

前　言

　　随着金融市场的发展,资产价格对宏观经济的影响日益增强,适度的波动对宏观经济没有不利影响,但是资产价格的过度波动将对宏观经济产生负面效应。2006 年开始出现的高资产价格与高通货膨胀率同时存在的"双高"现象,使得人们更加关注资产价格对宏观经济的影响。2007 年底爆发的美国次贷危机已经逐渐演变成了全球性的经济衰退。这场源于房地产价格持续上涨后的猛然下跌导致的国际金融危机,对世界经济造成了巨大影响,再次证明了资产价格与宏观经济之间存在密切的关联。2010 年以来,资产价格与通货膨胀都再次出现高涨,政府对房地产市场实施了一系列的调控措施,旨在稳定房地产价格,但是通货膨胀仍然居高不下。一直以来我都在关注资产价格与宏观经济的关系,此书积淀了自己多年来的思考,也解答了一些基本的疑问,比如:资产价格与通货膨胀之间是什么关系? 相互之间影响的渠道是什么? 政府是否应该关注资产价格? 应当如何关注?

　　本书研究的资产价格主要指股票价格与房地产价格,通货膨胀是指价格总水平,后者采用通用的居民消费价格指数(CPI)来衡量。本书对资产价格影响通货膨胀进行了机理研究,认为资产价格主要通过消费渠道的财富效应、投资渠道的托宾 Q 效应、贷款渠道的贷款效应以及资产负债表效应、货币供求的溢出效应和吸收效应以及汇率的传导机制对通货膨胀产生了影响。通过实证得知我国的房地产市场财富效应大于股市财富效应,资产价格上涨与银行贷款存在显著的相关性,并且是引发银行贷款额增加的重要原因。同时,资产价格影响通货膨胀的效果还与很多制约因素有关,比如金融规模、金融资产结构等。

本书在理论分析的基础上对资产价格如何影响通货膨胀进行了相关实证研究。首先对我国的资产价格波动与通货膨胀波动进行了经验特征分析。在资产价格波动影响通货膨胀的实证研究中发现,我国股价的环比指数是 CPI 环比的格兰杰原因,存在正向协整关系,但是相关系数很小,为 0.0178。房价的同比指数与 CPI 同比指数存在明显的正相关关系,系数为 0.662,同时互为格兰杰因果,根据房价与 CPI 的影响原理,可以证明房价上涨是导致 CPI 上涨的重要原因。

本书通过泰勒规则的检验对我国的利率、产出缺口率、通货膨胀波动率以及资产价格波动率进行了相关估计,发现我国现行的利率只关注产出缺口和通货膨胀,而没有关注资产价格波动。随后构建了一个包含股价和房价要素的广义价格水平指标 API,证明 API 与 CPI 存在正向协整关系,API 上涨 1% 将引致 CPI 上涨 0.12%。API 是 CPI 的格兰杰原因,对于 API 给的一个冲击,CPI 在初期并没有反应,变动为 0,但是随后逐渐增大,在第 5 期的时候达到最大,而后影响作用减弱。作者还对泰勒规则进行了修正,得到一组规则利率值,并与 CPI 进行了比较,认为规则值和 CPI 波动幅度、方向比较一致,能够比较好地平抑物价水平。

本书以资产替代行为为微观基础,勾勒了资产价格波动影响通货膨胀的作用路径。作者采用理论与实证相结合的分析方法,全面地归纳和分析了资产价格波动影响通货膨胀的传导机制，并且作了相关的实证研究，得出了相关政策启示，比较清晰地回答了传导机制是什么、影响效果有多大、政策应当如何调控等问题。其主要创新点在于：

第一，阐明资产替代是资产价格波动影响通货膨胀的微观基础，并且用简易图表表示三者关系。认为资产替代行为是影响我国资金在金融市场与实体经济间相互流动的基础行为，人们追求货币最大回报率的动机将在利率发生变化时，通过收益率的比较对资产组合进行调整，从而影响了资产价格。

第二，纳入资产价格因素，构建了广义的价格水平指标 API，并且证明了其能很好地反映未来 CPI 的走势，也阐明了资产价格的波动对通货膨胀的作用路径。本书认为，从人们的资产替代行为出发，只有交易了的资产才可能对实体经济造成冲击，因此应该用房地产的交易额占比和股票的成交额占比来替代总资产份额作为资产价格的权重。

第三，对泰勒规则进行了修正并计算出能更为合理调控我国经济波动的规则利率值。我国还没有实行完全的通货膨胀目标制，认为潜在名义利率（规则利率）应该等于均衡实际利率加上通货膨胀变动率、产出缺口率以及房价变动率的加权值。本书计算的潜在名义利率比现行的利率更能及时调控经济的冷热，也更能反映物价的变动情况。

目　　录

第一章 导论

第一节 背景

伴随着经济全球化和金融自由化进程的加快,世界各国的金融市场在容量、交易规模以及各国金融资产的持有者格局方面都发生了巨大变化,金融资产价格客观上也正在或已经成为影响一国宏观经济运行的重要经济变量。

资产价格如果剧烈波动对经济具有两个不同的负面影响,一方面,剧烈波动将会导致资产泡沫的出现,并逐渐形成泡沫经济①,一旦资产泡沫突然破灭,就容易引发金融危机,进而波及实体经济。比如 1929 年美国股市崩溃及其引发的世界性大萧条,以及 20 世纪 80 年代末的日本房产泡沫破灭引发的经济大萧条、1994 年墨西哥金融危机、1997 年爆发的东南亚金融危机等都是由于资产价格的剧烈波动而引发的经济金融危机。美国 2007 年底开始爆发的次贷危机,起因也是房地产资产价格持续上涨而突然下跌导致贷款人拒绝偿还贷款,造成次级抵押贷款还款的恶化,进

---

① 泡沫经济就是资产价格(主要指股票和不动产价格)严重偏离实体经济(生产、流通、就业、增长率等)暴涨,然后暴跌这一过程。本书只是探讨资产价格的波动影响通货膨胀的机理,不重点讨论泡沫经济的概念和形成机理。

而从银行波及各大购买次级贷款的机构投资者,导致大量银行和金融投资机构的破产,从而引发金融危机。如今,在经济全球化的作用下,美国次贷危机已经逐渐演变成了全球性的经济衰退,金融市场对实体经济的影响仍在继续扩大;另一方面,一旦资产价格急剧下跌,将引发人们的投资、消费信心下跌,进而影响实体经济,这可能会导致通货紧缩的状况出现。通货紧缩对于国家来说意味着经济增长率减退,产出萎缩,投资减弱,消费减少以及失业率增多等等。可见,无论资产价格是急剧上涨还是急促下跌,剧烈的波动都将影响金融市场以及宏观经济的稳定。

中国资本市场与房地产市场的发展虽然只有十几年的历史,但是这两个市场的结构性变化已经对现存的货币政策框架提出了挑战。国内学者对资本市场与房地产市场作了大量的研究,在这两个市场和实体经济之间的传导机制方面,也进行了有益的探索。

从机理上看,资产价格上涨推动通胀水平上升是通过多种渠道来实现的,其主要的机制为:资产价格的上涨通过财富效应、托宾 Q 效应、预期与信用渠道促进消费与投资的较快增长,从而拉动总需求,使物价处于较高的水平。而这一过程可以进一步导致更高的通货膨胀预期,原因在于资产价格的迅速上涨,使得私人部门产生更高的商品与服务价格的预期,从而会出现更高的通货膨胀率[①]。

由于物价总水平保持基本稳定是国家进行宏观调控的重要目

---

① 郭田勇:《资产价格、通货膨胀与中国货币政策体系的完善》,《金融研究》2006年第 10 期。

标之一,因此,研究资产价格波动对通货膨胀的影响意义重大。毫无疑问,以股票价格和房地产价格为代表的资产价格与通货膨胀之间的传导机理非常复杂,必须结合金融市场与实体经济的相互作用来进行分析。

2006年到2008年上半年,我国房价与股票价格开始迅速膨胀,与以往"低通胀,高资产价格"的现象不同,这期间出现了"高资产价格与高通货膨胀并存"现象。资产价格与通货膨胀的关系日益密切,有学者认为:外汇占款导致的货币流动性过剩和以资本市场、房地产市场为代表的资产价格大幅上涨,是推动通货膨胀形成的根本因素,也是推动CPI数据长期走高的根本动因①。甚至有学者提出"资产泡沫型通货膨胀"的概念,认为货币的过多发行更多体现在资源类物品的价格上涨中,如房地产等价格飞涨。因此,反过来说,资产泡沫本身就是一种通货膨胀,货币过量发行产生的通货膨胀压力主要是在资产类价格的普遍上涨中得以释放。如果沿用居民消费品价格指数(CPI)的尺度来衡量通货膨胀,就会陷入误区②。

引起资产价格波动的因素有很多,其中有经济因素也有非经济因素,比如投机行为以及突发事件等,都会引发人们预期的改变,从而引起资产价格波动。资产价格波动与通货膨胀之间可能存在双向的影响关系,即资产价格波动会影响通货膨胀,反过来,通货膨胀率的变动可能也会导致资产价格的波动。本书重点研究资产价格波动对通货膨胀的影响及其传导机制,将通货膨胀可能

① 徐传谌、刘凌波:《对当前价格变动与通货膨胀压力增加的几点认识》,《财贸研究》2007年第5期。
② 于学军:《谨防资产泡沫型通货膨胀》,《银行家》2007年第12期。

引发资产价格波动的情形暂时存而不论。

此次美国次贷危机爆发以后,人们开始质疑为什么美联储一直以来没有将资产价格纳入货币政策的目标范畴,美联储的这种行为目前来看是不明智的,因为已经无法阻止资产价格波动向通货膨胀的蔓延,如果这种影响能预期,那么或许能够阻止这场灾难发生。因此,资产价格向通货膨胀渗透的传导机理是货币当局进行政策决策前必须了解的问题。除此之外,了解这种传导机制能带给人们什么样的政策启示、货币政策或者财政政策分别能发挥什么样的作用来平稳资产价格问题等,也是本书要解答的。

第二节 研究范畴和概念界定

一、资产价格的拟研究范畴

资产价格是指资产转换为货币的比例,狭义的资产价格包括股票、债券、基金、保险等非货币金融资产的价格。在我国,由于股票是居民投资非货币金融资产的主要品种之一,价格波动比较容易受经济变量影响,而且股票价格便于统计,因此本书选用股票价格作为金融市场的代表性资产价格。

广义的资产价格除了传统的金融资产价格外还包括房地产价格,因为房地产既属于实体经济的范畴,又具有金融资产的属性。根据劳动价值论,从房地产的实体经济性质可以得出,房地产价格主要取决于房地产开发、建设、经营过程中耗费的社会必要劳动时间形成的价值和土地所有权价格综合的货币表现,也就是取决于建房成本。有学者还计算了房地产的均衡价格。张红认为,均衡价格＝住宅交易价格×近似吸纳率①×1/2,并构建了住宅均衡价格模型,城市住宅均衡价格＝A＋B×在岗职工平均工资＋C×竣工房屋造价/在岗职工平均工资。其中,竣工房屋造价/在岗职工平均工资被称之为"房屋造价指数"。通过对全国 34 个大中城市的数据进行实证分析,房屋造价指数的影响参数为 6239,比如,1999 年北京平均工资为 14054 元,如果住宅开发费用降低 100元,那么竣工房屋造价指数将降低 0.00712,因此住宅均衡价格将下降 44.4 元②。

但是房地产通过出租能带来未来收入的增加,并且有投资价值,具有虚拟经济的特性,房地产的定价方式也应具有虚拟经济定价方式的典型特点:价格决定不取决于成本,而是以资本化定价为基础。房价的真实价值应该是租金的贴现。一般来说,租金更能体现房产的真实价值,而且能反映真实的有效需求。而由于房产所有人可以适时选择出租或出售,因此能获得租金或者资产增值的收益。要研究房地产价格,还须理清楚房价、地价和租金的关系。房价是指房地产销售价格,地价是指土地交易价格,租金是房屋租赁的价格。

一般商品的市场价格由市场供求来决定,但是土地的供给量在短期内变动很小,因此不能对需求做出积极而及时的反映,一般来说,地价由需求决定。当经济发展、人口增多,人民收入增加时,对土地的需求就会日趋扩大,土地价格就会上涨。现在土地转让

---

① 吸纳率＝(本期销售量＋本期租赁量)/(期初可控制量＋本期可租售量)
② 张红:《房地产经济学讲义》,清华大学出版社 2004 年版。

通常实行拍卖制,也助长了地价上涨。自从 1998 年我国住房体制改革以来,房地产市场的市场化程度逐步提高,但是相对其他市场来说,房产市场仍然不是一个有效市场,表现之一就是我国的房地产市场并没有形成有效的定价机制。

股票和房地产作为金融资产和非金融资产的典型代表,是我国居民投资的最主要的两种非货币性资产。这两种资产的价格也是我国目前最受关注的两种资产价格。而且,股票市场和房地产市场是最容易产生价格泡沫的市场,股票价格和房地产价格的剧烈波动往往会对一国经济乃至世界经济带来难以估量的影响。因此,本书选择股票价格和房地产价格作为资产价格的研究范畴。

二、通货膨胀的定义及度量

通货膨胀,顾名思义就是"流通货币"增多而引起的价格上涨。关于通货膨胀的定义大体可以分为两大类:一类是从现象上进行定义,《英国经济辞典》对通货膨胀的定义是:"通货膨胀指价格总水平持续上升,堪称货币的贬值。"[1]一类是从成因上或本质上定义[2]。如"通货膨胀是指纸币的发行量超过商品流通所需要的金属货币量。"[3]本书更加倾向于前者定义,也就是通货膨胀指宏观经济中价格总水平的持续上升现象。因为导致通货膨胀的成因有很多种,通货膨胀也不仅仅只是货币现象,不能简单地认为是货币

① Graham Bannook, *Dictionary of Economics*, 4th edition, Pongain Books Ltd., 1987.

② 李晓西:《宏观经济学(中国版)》,中国人民大学出版社 2005 年版,第 424 页。

③ 许涤新主编:《政治经济学辞典(上)》,人民出版社 1980 年版,第 616 页。

增多而引发的。

通货膨胀的种类根据成因的不同可以分为以下几种：

(1)需求拉动型通货膨胀

需求拉动式通货膨胀,是在产出量或生产成本不变的情况下,由于总需求过度而引起的物价上涨。这种由需求增大而引起的物价上涨可以分为三类:自发需求拉上型通货膨胀、诱发需求拉上型通货膨胀和补偿性需求拉上型通货膨胀。对需求拉动型通货膨胀研究比较多的是新古典学派。

(2)成本推动型通货膨胀

成本推动型通货膨胀强调从供给方面去分析通货膨胀现象。它指由于生产成本上升而引起的物价持续上涨的现象。这种成本的提高是由于存在强大的、对市场价格具有操纵力量的压力集团(如工会),从而使生产成本人为提高,导致物价上涨。成本推动型通货膨胀可分为四类:工资推进型通货膨胀、利润推进型通货膨胀、操纵价格的通货膨胀和汇率成本推进型通货膨胀。

(3)混合型通货膨胀

混合型通货膨胀指引起通货膨胀的原因并不是纯粹的需求拉动和成本推动的通货膨胀,而是在两者共同因素作用下产生的。

(4)结构性通货膨胀

结构型通货膨胀是指在没有需求拉动和成本推动的情况下,由于结构性的因素使一般物价水平持续上涨而造成的通货膨胀。这里的"结构性"有两种含义:一是通货膨胀的表现,各种商品的价格涨幅不一样。比如食品类价格上涨幅度远远大于其他商品,就是"结构性"的表现。二是通胀的成因,是指一国的经济结构发生了变化,比如资源从消费品领域流动到生产资料品领域,使消费品的供给减少,物价上涨。比如在目前中国股市和楼市过热的情况下,会导致企业的投资由实体经济转向股市和房地产等领域,这也是结构性因素。

通货膨胀是一种总体物价上涨的经济现象,因此度量通货膨胀的指标也就是衡量价格总水平变动的指标。宏观经济学用价格水平来描述整个经济中的各种商品和劳务价格的总体平均数,一般用价格指数来衡量。常用的价格指数有消费价格指数(CPI)、生产者价格指数(PPI)和零售价格指数(RPI),以及 GDP 平减指数。

由于 CPI 最能反映居民家庭所购买的生活消费品和支付的服务费用价格变动的总趋势和程度,因此作为通货膨胀的衡量指标被大部分国家所采纳。从 CPI 中剔除食品和能源的价格,就得到了核心消费者价格指数,因为食品和能源价格最容易受到异常因素的影响而异常波动,因此核心消费者价格指数比消费者价格指数更平稳。GDP 平减指数是指某时期的名义 GDP 与实际 GDP 之比,也能比较真实地反映价格变动程度。

我国 20 世纪 90 年代后就开始选取居民消费物价指数作为反映通货膨胀变动程度的指标。因为该指标较好地满足以下要求:一,居民消费价格指数的调查内容涵盖了居民日常消费的消费品和服务项目,可以全面反映多种市场因素变动影响到居民消费价格波动及其对居民实际生活费用支出的影响程度。二,多年以来,用居民消费价格指数的变动程度来反映通货膨胀程度已成为国际上通用的一般规则,便于国际比较。我国的 CPI 指标由八大类商品价格加权统计得到,而各类价格权重是根据居民家庭消费支出结构的调查结果确定的。近 20 年来,CPI 指数基本能反映我国物价总水平的变动情况,但这是不是最优的衡量通货膨胀率的物价指数,我们将在后面的章节展开探讨。

通货紧缩是通货膨胀的反义词,表现为总体物价水平的下降。资本市场对通货紧缩的影响主要表现在两个方面,一是在物价开始走低而股市仍然兴旺时,会分流一部分货币供给,减弱货币供应量对需求的推动作用,加剧通货紧缩;二是当股市持续下跌时,人们会因财富缩水而减少消费,并将投资转化为储蓄,也会加剧同货紧缩。历史证明,在发生中、长期通货紧缩时,股市多半是会下跌的①。

第三节 研究方法与写作框架

一、研究方法

本书主要采用理论与实证相结合的分析方法,以资产替代行为为分析的微观基础,然后理论分析了资产价格波动影响通货膨胀的传导机制与制约因素,然后用实证研究来判断理论的适用性。

实证研究主要采用了协整检验和单位根检验方法,原因是在进行时间序列分析时,传统上要求所用的时间序列必须是平稳的,即没有随机趋势或确定趋势,否则会产生"伪回归"问题。但是在现实经济中,特别是涉及资产价格的时间序列通常是非平稳的,因此我们采用协整检验或单位根检验的方法来检验数据的时间序列

---

① 成思危:《中国通货紧缩的特殊背景、成因与对策》,《经济界》2002年第5期。

平稳性。

在验证数据时间序列平稳的基础上,本书进一步采取格兰杰因果关系检验来分析变量之间的因果关系。格兰杰因果检验方法为 2003 年诺贝尔经济学奖得主克莱夫·格兰杰(Clive W. J. Granger)所开创,克莱夫·格兰杰对该检验所下的定义是"依赖于使用过去某些时点上所有信息的最佳最小二乘预测的方差。"在时间序列情形下,两个经济变量 X、Y 之间的格兰杰因果关系定义为:若在包含了变量 X、Y 的过去信息的条件下,对变量 Y 的预测效果要优于只单独由 Y 的过去信息对 Y 进行的预测效果,即变量 X 有助于解释变量 Y 的将来变化,则认为变量 X 是引致变量 Y 的格兰杰原因。

本书中采用的模型主要是误差修正模型(ECM),这是一种具有特定形式的计量经济学模型,它的主要形式是由 Davidson、Hendry、Srba 和 Yeo 于 1978 年提出的,称为 DHSY 模型。在协整检验方法验证数据的时间序列平稳性、采用格兰杰检验方法检验变量之间的因果关系后,采用误差修正模型有以下一些明显的优点:(1)一阶差分项的使用消除了变量可能存在的趋势因素,从而避免了"伪回归"问题;(2)一阶差分项的使用也消除模型可能存在的多重共线性问题;(3)误差修正项的引入保证了变量水平值的信息没有被忽视;(4)由于误差修正项本身的平稳性,使得该模型可以用经典的回归方法进行估计,尤其是模型中差分项可以使用通常的 T 检验与 F 检验来进行选取。

在误差修正模型对变量进行估计后,本书进一步采用脉冲响应函数(Impulse Response Functions,IRF)来衡量来自随机扰动项的一个标准差冲击对内生变量当前值和未来值的影响,并且扰动项对某一变量的冲击影响通过 VAR 模型的动态结构传递给其他所有的变量。

通过对变量的多方面的验证、对变量相互关系的检验以及误差修正模型的合理选取,特别是结合长时间的时间序列数据信息,这样能够从计量的角度对理论结果进行分析和验证,尽量避免了"伪回归"现象。

此外,本书在数据的选择上高度重视数据的客观性与数据的单位同一性。很多期刊文献没有注意区分同比数据与环比数据,尤其在研究通货膨胀问题的时候,采用居民消费价格指数 CPI 作为代替指标,容易忽视 CPI 指标的类别。统计局公布的 CPI 指标通常指的是同比指数,也就是上年同月或者同季指数,在 2000 年后才开始公布环比指数。相同性质的数据才有可比性,才适用计量分析,环比数据不能与同比数据进行相关分析。另外,注重区分存量与流量数据,比如 GDP 值通常是累计值,就不能与流量值来比较分析。最后本书的所有实证分析都是用 EVIEWS 5.0 软件来操作和计算。

二、写作框架

本书意在剖析资产价格波动对通货膨胀的影响机理及效应,回答以下几个问题:资产价格影响通货膨胀的传导机制有哪些?我国资产价格波动对通货膨胀的影响有多大?资产价格波动影响通货膨胀的政策启示。

本书主要分成七章:

第一章是导论,主要阐述写作的宏观经济背景、选题的意义;对研究范围进行界定;介绍文章的研究方法及写作框架、主要创新与不足。

第二章是资产价格波动影响通货膨胀的研究述评。主要是梳理关于资产价格波动对通货膨胀的影响相关研究。大部分学者认为资产价格波动对通货膨胀存在影响,也有少部分学者认为影响不够显著;关于是否要将资产价格纳入货币政策目标本章也进行了相关研究述评;另外,还对除资产价格渠道以外的影响通货膨胀的因素进行了归纳。

第三章是本书的重点章节之一,是资产价格波动影响通货膨胀的机理研究。本章首先阐述了资产价格波动影响通货膨胀的理论基础,也就是研究的起点。

第一个理论基础是虚拟资本对实体资本有影响。资产价格与通货膨胀的关系就是金融市场与实体经济的关系;金融市场的资本称为虚拟资本,而实体经济存在的资本称为实体资本,因此两者关系也变成了虚拟资本与实体资本的关系。另一个理论基础是资产替代行为。资金是贯通金融市场与实体经济的纽带,人们追逐最大货币回报率的行为导致了资金在金融市场和实体经济之间进行流动。资产价格影响通货膨胀主要通过消费渠道(财富效应)、投资渠道(托宾 q 效应)以及贷款渠道(狭义贷款渠道和资产负债表渠道)等渠道影响总需求,从而形成通货膨胀压力。人们的资产替代行为导致了货币供求的变化。

在分析了资产价格波动影响通货膨胀的机理后,要解答一个问题:关于资产价格波动对通货膨胀的影响,为什么不同的学者研究不同国家、地区,甚至在不同的时间段,结论会不一致呢?我们认为必须考虑中观因素,也就是金融资产规模、金融资产结构以及产业结构等因素,金融资产规模越大的国家,资产价格的波动对实体经济的影响也必然要大；而银行主导型的金融体系中,资产价格的财富效应要小于以市场主导型的金融体系。产业结构也会影响资产价格与通货膨胀的关系,产业结构的变化和升级将影响股市不同板块的收益率,从而导致不同类型的企业融资率的上升,不同的企业会采取相应的投资行为,而不同类型的企业投资对通货膨胀的影响程度可能是不一样的。

第四章是资产价格波动影响通货膨胀的实证研究。本章首先对我国资产价格波动和通货膨胀波动进行了经验分析。随着经济的发展和人们收入的增多,我国金融市场的发展以及房地产市场的市场化程度的提高,人们的财产性收入逐渐增多,投资意识逐渐增强,投资渠道也增多了,因此资产价格与通货膨胀的关系自然也更加紧密。当资产价格上涨的时候,人们的资产替代行为增多,储蓄流入到了股市和房地产市场中,而这些资金也逐渐转化成了企业的投资,从而推动物价水平的提高。本章对影响通货膨胀的其他因素进行了实证分析,比如利率、货币供给量、汇率等。随后又对资产价格波动对于通货膨胀的影响进行了实证研究。

实证结果说明,房价同比指数对 CPI 指数影响显著,呈正相关关系,而 CPI 也是影响房价的格兰杰原因。股价环比指数与通货膨胀呈正向协整关系,但是相关系数很小;通货膨胀对于股票价格的影响并不明显,原因可能是我国的投资者存在"通货膨胀幻觉"。

第五章也是本书的重点章节,是资产价格波动影响通货膨胀的启示。研究资产价格波动影响通货膨胀的最大意义,不仅限于深刻地了解资产价格影响通货膨胀的传导渠道,警惕资产泡沫型通货膨胀的出现,防止资产价格急剧下跌带来的实体经济的负面影响。更重要的意义还在于能为我国政府是否需要将资产价格纳入货币政策调控目标而提供参考。本章首先对相关研究进行了归纳,然后将房价、股价与CPI分别计算相应的权重,构建了一个广义的价格水平指标API(Average price index),结果发现API与CPI的波动趋势基本一致,但是波动幅度远远大于CPI。API不仅对CPI有预测性,能提前反映物价水平的上涨或者下降,并且存在协整关系,经过格兰杰因果检验,API是CPI的原因。这个纳入了房价与股价的广义价格水平指标是CPI的先行指标,应该成为货币当局的关注指标。

随后,本章对泰勒规则进行了修正,提出我国的规则利率值应该是实际均衡利率加上通货膨胀率的波动、产出缺口率的波动以及房地产价格波动率。房地产既有实体经济的性质,又因为大量信贷沉淀而对金融市场有着不可忽视的影响,因此有必要将房地产价格波动纳入到规则利率值来。参考泰勒规则,选取2%作为实际均衡利率的参考值。我们国家还没有实行严格的通货膨胀目标制,只选择通货膨胀波动率作为变量,如果通货膨胀波动率、产出缺口波动率以及房产价格波动率为0,那么潜在名义利率应该等于实际均衡利率。最后,我们将得到的潜在名义利率与现在的利率进行了比较,发现潜在名义利率的波动与通货膨胀的波动趋势和幅度相对比较一致,能较好地进行政策调控。除此之外,本章也探讨了财政政策的税收效应对资产价格的影响。

第六章是结论与政策建议。笔者针对前几章所进行的理论分析和实证研究得出的相关结论,提出了关于稳定资产价格和通货膨胀水平的政策建议。

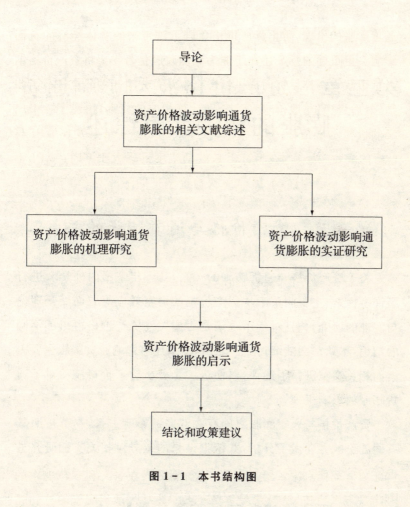

图 1-1　本书结构图

第二章 资产价格波动影响通货膨胀的相关文献综述

第一节 资产价格与通货膨胀的关系

关于资产价格与通货膨胀的关系，几十年来国内外学者进行了许多探索，主要侧重于从资产价格的财富效应等方面展开理论与实证的研究，并且对货币政策是否要关注资产价格得出了不同的结论，本章都会陆续讨论。之后，本章还对影响通货膨胀主要因素的相关文献进行了述评，以便进一步分析资产价格波动对于通货膨胀的影响机理。

资产价格与通货膨胀之间存在双向的影响关系，本节按照其不同的影响方向做了分析，并依据结果的差异对相关实证研究进行了归纳整理。

一、资产价格单向影响通货膨胀

学者研究资产价格波动对通货膨胀的影响一般基于货币政策的资产价格渠道，集中在货币政策如何影响相对资产价格和实际财富上。一共有三种货币政策传导渠道：财富效应、托宾 q 效应以及贷款渠道。在金融市场比较发达的条件下，股票价格是货币政策传导的一条重要渠道。货币政策通过股票价格进行传导的过程如下：货币供应量与利率的变化影响股票价格，再通过财富效应和托宾 q 效应影响消费支出和投资支出，从而对总产出或国民收入产生影响[①]。另外，股票、房地产等资产价格也包含有关于未来实际产出和通货膨胀的信息，能影响通货膨胀预期。

很多学者认为，资产价格对未来通货膨胀有一定的预测能力但并不具有普遍性。某一个国家的某项指标在某一样本期内对通货膨胀可能有预测力，但这并不代表该项指标在其他国家同样有预测能力，甚至该项指标在该国另一样本期内的预测力也可能减弱或消失。与股票价格相比，房地产价格与未来通货膨胀的相关性更加明显，无论未来通货膨胀是否被预期到。因此，房价是相对较好的未来通胀的预测指标。

李强创新地使用了居民、企业生产部门、企业流通部门、银行之间的资金流量图来分析货币供给增加后资产价格对通货膨胀产生影响的过程。他认为如果没有股票一级市场，新增的货币压力会体现在物价上，或者体现在储蓄存款的增加上。但是加入股票一级市场后，新增货币中的一部分会转化成股票资产，同时企业负债减少而权益增加。结果造成资产价格膨胀和通货膨胀；银行负债活期化[②]。通货膨胀的程度取决于居民对股票市场（或风险资产）的偏好，在股票等风险资产供给不足的情况下，假定居民风险偏好不变（事实上风险偏好也在增加），这就意味着有更多的货币去追逐资产交易，资产价格膨胀更为迅猛。他将这种资产价格膨胀向通货膨胀

---

① 魏永芬、王志强：《我国货币政策资产价格传导的实证研究》，《财经问题研究》2002 年第 5 期。

② 银行新增存款中的一部分变成了存款期限较短的居民活期存款。

传递的有别于财富效应的另一种机制,称为"货币激活效应",即资产价格膨胀激活了"沉睡"的货币并造成了潜在的通货膨胀压力[①]。

二、通货膨胀单向影响资产价格

Irving Fisher 最先提出资产的名义期望回报率应该随着通货膨胀率同步变化[②]。名义股票回报应该跟通货膨胀同向共变。但是从 1970 年代中后期开始,投资者发现至少在中短期,股票价格却受到预期或非预期通货膨胀非常明显的负面影响。

Modigliani 和 Cohn 认为通货膨胀增长预期会压低实时股票价格[③],因为经济行为主体遭受"通货膨胀幻觉"[④]。现值公式的正确使用方法是用名义贴现率对名义现金流进行贴现,或者用实际贴现率对实际现金流进行贴现。但是股票被定价时,投资者往往错误地使用名义利率对实际现金流进行贴现。

Feldstein 提出了"税收效应假说",由于通货膨胀可能引起资本名义收益增加,从而提高资产的名义税率,增加公司或者个人的税负,因此理性投资者考虑到通货膨胀率上升带来的税率和税收上升,从而降低对股票实际价值的估算,导致股票实际收益率的下降,这就是通货膨胀率对股票收益率的"负税收效应"[⑤]。

---

① 李强:《资产价格与通货膨胀—基于中国特征事实的研究》,Working Paper No. 0810,中国社会科学院世界经济与政治研究所国际金融研究中心,2008 年 6 月 2 日。

② Fisher Irving, *The theory of interest*. New York: Macmillan, 1930. pp. 156—159.

③ Modigliani France, A. Cohn Richard,"Inflation and the stock market", *Financial Analyst Journal*, 1979, 35:24-44.

④ 通货膨胀幻觉:也称"货币幻觉",最初由费雪于 1928 年提出,是指人们只对货币的名义价值变化作出反应,而忽视了世纪购买力变化的一种心理错觉。

⑤ Feldstein,"Inflation and the stock market", *American Economic Review*, 1980, 70:839-847.

Sharpe 认为,假如通货膨胀高时,股票被低估,分析师就会调低他们的盈利预测[①]。

赵兴球通过实证研究发现,通胀和股票收益的关系显著为负,在控制了产出增长的影响后,通胀与股票收益的关系消失,说明通胀对股票收益的影响来源于产出和股票收益以及产出和通胀的关系[②]。

刘洪玉等介绍了中国 1986 年至 2002 年期间房价和一般经济互动的调查,实证结果显示,消费者物价指数(CPI)是住房价格上涨的格兰杰原因[③]。在中国,房价与市场基本面有一个长期均衡关系,这是推动房屋价格上涨而不是泡沫的确定因素。

三、资产价格与通货膨胀关系的相关实证研究

有关学者对于资产价格与通货膨胀的关系进行了大量的实证研究,得出的结果并不一致,本小节依据资产价格研究对象和实证研究结果的差异做了分类。

(一)股票价格和通货膨胀正相关

传统理论"费雪效应"假说认为股票作为实际资产所有权的代表应该是通货膨胀的保值品。当通货膨胀率发生变化时,资产的名义收益率会相应作出等幅调整,通货膨胀率的增加或者减少完全能够通过资产的名义收益率体现出来,从而资产的实际收益率能够保持不变。这种观点支持股票价格应该和通货膨胀正相关,

---

① S. A. Sharpe,"Reexamining stock valuation and inflation:the implications of analyst's earnings forecasts". *Reiew of Economics and Statistics*,2002:84.

② 赵兴球:《通胀、产出与股票价格关系实证研究》,《统计研究》1999 年第 1 期。

③ 刘洪玉、沈悦、郑思齐:《中国房地产市场发展应注意的问题》,《城市开发》2005年第 4 期。

从而股票能够抵御通货膨胀的上涨带来的财富的缩水。

有学者经过实证研究表明,股票价格包含未来通货膨胀的信息,和通货膨胀正相关。

Mishki 的研究发现股票价格的收益率差价对未来三年的通货膨胀提供了可靠的预测[①]。David E. Rapach 通过实证研究验证了长期的股票价格与通货膨胀之间存在的关系,结果表明长期而言通货膨胀并不会削弱长期运行的股票的实际价值[②]。

Ray 和 Chatterjee 运用 VAR 模型对近年来金融资产价格在印度通货膨胀中的作用进行了研究。他们的研究发现以股票价格为代表的金融资产价格虽然不是产出缺口的格兰杰原因,但却是商品批发价格指数变动的格兰杰原因,说明了股票价格包含了商品价格的重要信息,可以发挥通货膨胀的先行指示器的作用。而他们在稳健性检验中却发现,黄金价格和汇率都难以发挥这种指示器的作用[③]。

王晓芳、高继祖分析了中国通货膨胀和股市收益之间的关系。通过 ARDL 协整和格兰杰因果关系检验研究了两者之间的关系[④]。研究结论表明,短期内通货膨胀率与股票收益正相关,但两者不构成格兰杰因果关系。长期来看,股市收益与通货膨胀率存在长期均衡关系,两者存在着双向长久的因果关系。股票收益对通货膨胀率的短期偏离能够大约在半年之内得到修正,两者价格

---

① S. Frederic, "What does the term structure tell us about future inflation?", *Journal of Monetary Economics*, Vol. 25, Issue 1, January 1990, pp. 77 – 95.

② E. David, "The long-run relationship between inflation and real stock prices", *Journal of Macroeconomics*, 2002, 24:331 – 351.

③ Ray Partha and Chatterjee Somnath, "The role of asset prices in Indian inflation in recent years:some conjectures", BIS Working Paper No. 8, 2000.

④ 王晓芳、高继祖:《股市收益与通货膨胀率:中国数据的 ARDL 边界检验分析》,《统计与决策》2007 年第 4 期。

走势趋于一致。

　　杨振杰通过对中国股票市场的实证检验,得出结论:投资者在股票市场上(1 年内)的投机行为不能规避通胀,而长期(5 年或 5 年以上)投资才有一个好的收益①。因此,股市不但可以完全抵御通胀而且可以获得资本利得。

　　(二)股票价格和通货膨胀负相关

　　在研究股票价格与通货膨胀的关系时,更多的学者认为股票价格或者股票回报率与通货膨胀存在负相关关系。

　　Fama 和 Schwert 将通货膨胀分解为预期和非预期的通货膨胀,发现这两者都跟股票回报呈负相关②。Feldstein 提出,通货膨胀会导致会计利润的扭曲,因而股市估值与通货膨胀负相关③。Fama 提出了著名的代理假设理论(Proxy Effect),对美国 1953 年后的数据建立了关于货币和实际经济的理性预期模型,认为股票收益和通货膨胀之间的负相关联系是通过基于货币需求理论和货币数量理论的宏观渠道产生的。他有下面两个假设:第一,通货膨胀和实体经济之间是负相关的,和菲利普斯曲线所表达的关系相反;第二,实体经济和股票收益之间是正相关的关系。最终股票收益率与通货膨胀率呈负相关关系,并且这种关系不是因果的④。

　　Geske 与 Rol 扩展了 Fama 的研究,提出负债的货币化也是

---

　　①　杨振杰:《中国通货膨胀率和股票收益率的实证检验》,《云南财贸学院学报》2005 年第 1 期。

　　②　E. Fama, G. Schwert, "Asset returns and inflation", *Journal of Financial Economics*. 1977, vol. 5(2) November:115 - 146.

　　③　M. Feldstein Inflation, tax rules and the stock market. *Journal of Monetary Economics*, 1980a, (6):309 - 331.

　　④　E. Fama, "Stock Returns, Real Activity, Inflation and Money", *American Economic Review*, 1981, 71:545 - 565.

美国股票收益与通货膨胀呈负相关关系的成因之一,认为预算赤字加速了扩张性的货币政策,从而导致通货膨胀预期的提高①。Kaul 利用美国的数据来检验代理理论假设,对股票收益与通货膨胀关系进行了研究,验证了赤字和逆周期的货币政策导致两者呈负相关关系②。

Danthine 与 Donaldson 区分货币部门和实际产出两种情况引起的通货膨胀,论证股票只能在前一种情况下可以成为有效的保值品③。Marshall 提出当通货膨胀主要由货币变动引起时,股票实际收益和通货膨胀的负相关减弱④。

Arjun Chatrath,Sanjay Ramchander 和 Frank Song 对印度经济进行了相应研究,支持了 Fama 假设,认为实体经济是导致通货膨胀的原因,在美国,通胀和股票收益的负相关关系由股票收益和预期通胀的负相关关系决定;而对于印度经济而言,通胀和股票收益的负相关关系主要由股票收益和非预期通胀的负相关关系所决定⑤。

Filardo 认为股票价格与通货膨胀的相关关系相当脆弱,呈负相关关系⑥。将股票价格纳入到通货膨胀目标中去无助于改善美

① R. Geske, and R. Roll, "The Monetary and Fiscal Linkage between Stock Returns and Inflation", *Journal of Finance*, 1983, 38:1 – 33.

② G. Kaul, "Stock Returns and Inflation: the Role of the Monetary Sector", *Journal of Financial Economics*, 1987, 18:253 – 276.

③ J. P. Danthine, and J. B. Donaldson, "Inflation and Asset Prices in An Exchange Economy", *Econometrica*, 1993, 54:585 – 605.

④ G. Marshall, "Inflation and Asset Returns in a Monetary Economy", *Journal of Finance*, 1992, 57:1315 – 1342.

⑤ Arjun Chatrath, Sanjay Ramchander and Frank Song, "Stock prices, inflation and output: Evidence from India", *Journal of Asian Economics*, 1996, 7, 2, pp. 237 – 245.

⑥ A. Filardo, "Monetary policy and asset prices", *Federal Reserve Bank of Kansas City, Economic Review*, No. 3, 2000.

国的宏观经济表现,而且股票价格在预测通货膨胀方面是无足轻重的。

靳云汇对我国股票价格和通货膨胀进行了分析,认为股票价格和通货膨胀呈负相关关系[1]。刘金全、王风云通过实证分析指出由于高通货膨胀引起的波动,降低了股票实际收益率,通货膨胀率的波动性与股票实际收益率之间为负相关关系[2]。

肖才林通过理论与实证分析,发现实际股票收益与通货膨胀呈负相关关系,实际经济增长与通货膨胀呈负相关关系,实际股票收益与实际经济增长呈正相关关系[3]。这表明股票并不能规避通货膨胀风险,股票不是通货膨胀保值品,相反,实际股票收益与通货膨胀呈负相关,也就是说通货膨胀增加了股票市场风险。

(三)股票价格与通货膨胀没有明显的相关关系

Friedman对美国股票价格与通胀、经济产出的关系进行了实证研究,结论是股票价格对于产出和通胀的影响几乎不显著,难以直接将股票价格的波动情况纳入到货币当局的决策范围内[4]。

有学者以美国数据比较了一个关于通货膨胀的自回归预测模型,该模型除了滞后的通货膨胀率还使用了包括金融资产变量、货币变量以及实际经济行为变量的"指示器变量"[5]。结论认为在其简

---

[1] 靳云汇:《中国股票市场与国民经济关系的实证研究》,《金融研究》1998年第3期。

[2] 刘金全、王风云:《资产收益率与通货膨胀率关联性的实证分析》,《财政研究》2004年第1期。

[3] 肖才林:《股票收益与通货膨胀关系的探讨》,《中国物价》2006年第2期。

[4] 米尔顿·弗里德曼:《弗里德曼文粹》,首都经济贸易大学出版社2001年版。

[5] G. Stephen, S. Rita , and Charles Steindel, "The Unreliability of Inflation Indicators", *Current Issue in Economics and Finance*, Federal Reserve Bank of New York, 2000.

单的统计框架里,没有单一的指示器能够改善自回归估测的绩效。Canova Fbaio 和 De Nieolo Gianni 利用国际数据对资产回报、实体经济活动和通货膨胀之间的关系进行了实证研究,他们发现名义股票回报的利差与通货膨胀或者与实体经济都不明显相关[①]。

刚猛和陈金贤研究了 1995 年 1 月至 2002 年 1 月中国实际股票收益率、通货膨胀和实际经济活动的相关关系,结果表明:短期中实际股票收益率与通货膨胀和实际经济的关系不显著[②]。

刘金全和马亚男认为,我国股票实际收益率与通货膨胀率之间的相关关系并不稳定,预期和非预期通货膨胀成分对股票收益率具有不同的影响机制和传导渠道。他们利用 HP 滤波对通货膨胀率进行了趋势成分和周期成分的分解,利用马尔可夫区制转移模型对股票实际收益率进行了区制状态划分,在三个区制对应的样本内估计了实际收益率、通货膨胀率趋势成分和周期成分组成的 VAR 模型,得到两个关于通货膨胀与股票收益率不同关系的结论:

一是当股票市场处于显著波动阶段时,无论是通货膨胀的趋势成分还是周期成分,都对股票实际收益率产生了显著影响,而当股票市场波动比较平稳时,通货膨胀率变动对股票收益没有产生显著影响。

二是在"市场紧缩区制"和"市场扩张区制"中,通货膨胀率与股票收益率之间的影响关系具有不同的方向,同时通货膨胀趋势成分与周期成分对股票实际收益率也具有不同方向的影响。可以

---

① Fabio Canova & Gianni De Nicolo, "Monetary disturbances matter for business fluctuations in the G-7", *International Finance Discussion Papers* 660, 2000.

② 刚猛、陈金贤:《中国股票收益、通货膨胀与货币部门的角色分析》,《西安交通大学学报(社会科学版)》2004 年第 1 期。

预期到的通货膨胀和不可预期的通货膨胀对股票收益率具有相反影响，但是这种影响方向依赖于股票市场的运行阶段[1]。

（四）房产价格与通货膨胀正相关

大多数学者认为如果房产价格与通货膨胀存在相关性，一般认为是正相关关系，少有学者认为是负相关的。

Goodhart 和 Hofmann 对 12 个国家的 CPI 通货膨胀方程进行了估算，验证资产价格对通货膨胀是否能有显著的解释力。自变量包括滞后的通货膨胀值、滞后的产出值、货币增长、汇率变动以及利率。资产价格包括房地产价格与股票价格的变动以及收益差价。检验的结论是：广义货币增长率、短期利率和房地产价格三个变量显示了很强的显著性，资产价格特别是房地产价格，的确有助于预测未来的通货膨胀；股价由于其波动程度太高，只能作为未来通货膨胀一个相当有限的指示器[2]。

Cecchetti、Genberg、Lipsky 和 Wadhwani 对多国数据进行通货膨胀估算，其中一个方程只有滞后通货膨胀率一个解释变量，另一个方程还包括房地产价格与股票价格。主要得到两点结论：第一，包含资产价格的模型预测效果比单纯基于过去通货膨胀模型的预测效果更好；其二，不同国家之间的预测效果有很大差异[3]。

---

[1]　刘金全、马亚男：《股票收益率与通货膨胀率的相关性研究——基于对我国经济周期波动过程的考察》，《吉林大学社会科学学报》2009 年第 1 期。

[2]　Charles Goodhart and Boris Hofmann, "Asset Prices and the Conduct of Monetary Policy", *Working Paper Series*, 2000.

[3]　S. G Cecchetti, H. Genberg, J. Lipsky, S. Wadhwani, "Asset Prices and Central Bank Policy", *International Centre for Monetary & Banking Studies*, London, 2000.

Goodhart(2001)[①]、Kontnonikas 和 Montagnoli(2002)[②]的研究表明,相比股价来说,房地产价格变动与产出和通货膨胀之间的联系要更加紧密。

经朝明和谈有花根据 1987—2005 年上半年房地产市场价格和消费物价数据,利用计量经济学的协整分析和误差修正模型分析了中国房地产价格与通货膨胀之间的长短期均衡关系[③]。实证研究表明,无论是从长期还是短期来看,房地产价格变动都会影响到通货膨胀,而通货膨胀并不影响到房地产价格变动。

国内外学者对于资产价格与通货膨胀之间的关系进行了非常深入的研究,但是并没有得出一致的理论或实证结果,对资产价格影响通货膨胀的内在机理也还是缺乏公认的、具有说服力的分析框架。随着金融资产规模的扩大,资产价格对通货膨胀的影响日益扩大,我们必须从更深的经济层次去分析和把握资产价格影响通货膨胀的传导机制。

第二节　货币政策是否应当考虑资产价格

导致资产价格波动的因素很多:供求因素的变化、成本的推动,以及投机行为等,都可能导致资产价格波动。只有当资产价格能够预示潜在的通货膨胀或通货紧缩时,资产价格才应该受到货

---

① Charles Goodhart and Boris Hofmann, "Asset Prices, Financial Conditions, and the Transmission of Monetary Policy", paper presented at the conference on "Asset Prices, Exchange Rate & Monetary Policy", Standford University, 2001.

② A. Kontnonikas, A. Montagnoli, "Has monetary policy reacted to asset price movement? Evidence form The UK", http:www.brunel.ac.uk. 2000.

③ 经朝明、谈有花:《中国房地产价格与通货膨胀的关系——基于计量模型的实证分析》,《中国物价》2006 年第 2 期。

币政策的关注。研究学者对货币政策是否应当关注资产价格问题，主要持两种观点：应当考虑和不应当考虑。

一、货币政策应当考虑资产价格

最早研究资产价格与通货膨胀关系的是美国经济学家 Irving Fisher（费雪）1991 年在《货币的购买力》中首先提出了把资产价格考虑进价格指数中这一问题。他认为货币供应量的增加首先会体现在资产价格的上升中，而后才会引起消费品价格的上升。因此，货币政策的制定者应该致力于构建包括资产价格如股票、债券和房地产以及生产、消费和服务价格在内的广义价格指数。

Alchian 和 Klein 在《通货膨胀测量的一项修正》一文中论证了货币当局应该关注资产价格的观点，他们认为代表对当期消费服务与当期产出价格测度的 CPI 和国民生产总值折算指数就其通常被赋予的作用是不适当的，因为那样仅仅考虑了当前的消费品价格，而完全衡量生活成本还应包括未来商品价格的变动。他们认为资产价格是一个较好的替代品，据此提出了跨期成本生活指数。Alchian 和 Klein 认为问题的重点是测量货币的购买力而不是当前消费品的价格。对于一个最大化终身效用的理性人来说，其面临的货币购买力的变动不仅取决于当前商品价格的变动，而且也取决于未来商品价格的变化[①]。

Shiratsuka 检验了资产价格是否可以作为通货膨胀的先行指示器。他运用不同结构的矢量自回归模型对包含 GDP 平减指数与总资产价格指数的几个宏观经济指标进行了格兰杰因果关系检

---

① A. Alchian & B. Klein, "On a correct measure of inflation", *Journal of Money, Credit & Banking*, 1973, Feb.

验,结果显示在 5% 的统计显著水平上,总资产价格指数是引致 GDP 平减指数的格兰杰原因,而 GDP 平减指数不是引致总资产价格指数的格兰杰原因。文章还通过其他的实证检验,结果表明资产价格的波动将引起 GDP 的相应波动,而且资产价格的波动含有未来价格变动的特有信息[①]。

Goodhart 和 Hofmann 在一个后顾式(backward-looking)结构模型中对 G7 国家的最优货币政策进行研究时发现,未来需求状况和 CPI 膨胀指数也受到汇率、房地产以及股票价格的影响。因为资产价格不仅包含了未来总需求的有用信息,而且忽视资产价格会致使分析货币政策的经验模型出现相当大的偏误。他们通过估计模型推导出来一个由短期实际利率、实际汇率、实际的地产和股票价格加权平均而成的金融条件指数(FCI),并发现这一指数有助于预测样本期内的通货膨胀[②]。

Rigobon 和 Sack 认为美联储应该关注股票市场的变动,对名义联邦利率做出相应的调整,通过实证研究,他们发现标准普尔股票指数值上涨 5%,就会使一般名义联邦利率增长 25 个基点[③]。

Charles T. Carlstrom 和 Timothy S. Fuerst 从均衡的角度分析了货币政策是否要对资产价格作出反应。央行对资产价格作出的直接反应是针对公司利润的,在包含刚性价格的模型中,通货膨

---

① Shiratsuka Shigenori. "Asset Price Fluctuations and Price Indies", *Institute for Monetary and Economic Studles*, 1999(2).

② Charles Goodhart and Boris Hofmann, "Asset Prices, Financial Conditions, and the Transmission of Monetary Policy", paper presented at the conference on "Asset Prices, Exchange Rate & Monetary Policy", *Standford University*, 2001.

③ Roberto Rigobon & Brian Sack, "Measuring the reaction of monetary policy to the stock market," *Finance and Economics Discussion Series* 2001-14, Board of Governors of the Federal Reserve System (U.S.), 2001.

胀的上升将使公司利润降低,从而央行对股票价格做出反应将弱化对通货膨胀的反应①。

ParthaRay 和 Somnath Chatterjee 利用 VAR 模型,对印度1994—2000 年的数据进行了分析,结果表明股票价格包含了关于商品价格上涨的信息,股票价格的膨胀对商品价格的膨胀产生了显著的影响,可以成为通货膨胀率的先行指标,并且提出预期通货膨胀率和名义资产价格之间的关系的本质,依赖于通货膨胀和资产价格导致的收入之间的关系,依赖于通货膨胀、实际产出和利率之间的关系②。这意味着资产价格的预测能力要视宏观经济情况而定。如果通货膨胀情况是由有助于产出增长和利率下降的保守的货币政策导致的,而不是由对经济的潜在生产能力负面的冲击导致的时候,资产价格将更有可能预测通货膨胀。

Nakagawa 和 Osawa 对美国、英国、德国、日本的数据进行研究后得出的结论是虽然某些金融资产价格波动对通胀和产出变化有一定预测能力,但并没有明确的证据证明金融市场波动总能解释宏观经济变量的波动③。

二、货币政策不应当考虑资产价格

许多学者认为资产价格的波动性太大,与经济行为不相关,他

---

① T. Charles & S. Timothy & Matthius Paustian, "Inflation persistence, inflation targeting and the Great Moderation," *Working Paper 0721*, *Federal Reserve Bank of Cleveland*, 2007.

② Partha Ray, Somnath Chatterjee, "The role of asset prices in Indian inflation in recent years: Some conjectures", *BIS Papers*, No. 8, 2001.

③ Shinobu Nakagawa, Naoto Osawa, "Financial Market and Macroeconomic Volatility——Relationships and Some Puzzles", *Bank of Japan Working Paper 00 - 9*. 2000.

们认为央行将资产价格纳入一般物价目标,通过介入资金分配来稳定资产价格并不妥当:从经济理论上看有违市场效率原则,从技术层面上看,也缺乏有效的手段。大多数中央银行官员更不赞成在测量通货膨胀的措施中并入资产价格。

清算银行(BIS)1998 年发布的研究纲要证实,在有些国家(如加拿大和德国)收益差价的确对未来的通货膨胀有预测力,但是在有些国家却没有。在意大利,货币政策制度的变更则造成资产价格与通货膨胀之间的关系出现严重不稳定性[①]。

Stock 和 Watson 采用 168 种经济指标来预测一年美国的通货膨胀率,结论是实际经济行为的衡量方法绩效最佳;利率有一定的预测能力;股票价格与汇率则效果不佳[②]。

Bemanke 和 Gertler 提供了一个含有"金融加速因子"的新凯恩斯主义模型,简称为 B-G 模型,认为包括产出与预期通货膨胀的货币政策规则已经包括了能体现资产价格的信息,政府不应该对资产价格波动做出反应[③]。Gilchrist 和 Leahy 也持同样观点[④]。

认为货币政策不应当考虑资产价格的学者还认为,资产价格

①　BIS, "The role of asset prices in the formulation of monetary policy", *BIS Conference Papers*, 1998.

②　H. James & W. Mark, "Forecasting Output and Inflation: The Role of Asset Prices," *NBER Working Papers 8180*, National Bureau of Economic Research, Inc. 2001.

③　Ben Bernanke & Mark Gertler, "Monetary policy and asset price volatility", *Economic Review*, *Federal Reserve Bank of Kansas City*, 1999, issue Q IV, pp. 17 - 51.

④　Simon Gilchrist & V. John, Leahy, "Monetary policy and asset prices", *Journal of Monetary Economics*, Elsevier, January 2002, vol. 49(1), pp. 75 - 97.

存在泡沫而且不便于测量;资产价格动态且具有不确定性和波动性,货币当局很难区分金融资产价格的变动是由基本面引起还是由非理性因素引起[①]。

　　笔者认为资产价格能够预示潜在通货膨胀或通货紧缩,但目前既缺乏能够涵盖一般价格和资产价格的价格水平指标,也没有能将货币政策与资产价格联动起来利率规则,这些都将在本书第五章得到验证和深入的研究。

第三节　影响通货膨胀的主要因素

　　宏观经济中各种经济变量之间都存在微妙的联系,要研究资产价格波动对通货膨胀的影响,首先必须了解影响通货膨胀的主要因素有哪些。

　　影响通货膨胀的因素有很多,除了资产价格以外,还有货币、通胀预期以及外部冲击等因素。

一、货币因素

　　影响通货膨胀的货币因素包括货币供求和货币价格因素,货币供求包括货币供应量和货币需求因素;货币的价格有两种,相对于国内来说,货币资金的使用成本通常用利息率来衡量,简称利率,是指一定时期内的利息额与借贷本金额之比,它是反映利息大小的指标,是计量借贷资本增值程度的数量指标。而汇率是两个国家的货币之间的相对价格,是以本币表示的外汇价格,或者是以

[①]　武志:《资本市场发展对货币政策的影响研究》,《南方金融》2007年第11期。

外币表示的本币价格。和其他商品的定价机制一样，它由外汇市场上的供求关系所决定。外汇是一种金融资产，人们持有它，是因为它能带来资本的收益。因此，相对于国外货币价格是汇率，汇率有直接标价和间接标价两种，人民币汇率采取直接标价。

(一)货币供给与通货膨胀

根据通货膨胀的货币理论，通货膨胀是因为过多的货币供应量而引起的[①]。因此货币供给量增多，就容易造成所谓"流动性过剩"[②]。流动性过剩可能造成两种结果：在短缺经济时代一般表现为商品价格上涨，即通货膨胀；而在生产过剩时代则表现为资产价格的膨胀。

在探讨货币供给与通货膨胀的关系时，有一个关键的问题，就是货币供给是外生的还是内生的？这是个极具争论性的问题。我国正是处在经济转轨时期，对于转轨经济的国家，货币供给对通货膨胀以及宏观经济的影响是怎么样的呢？

Friedman 认为，在人均真实收入持续上升的国家，货币持有量的增加速度将远高于收入的增长速度，因此货币供给增加并不会完全体现为产出和价格的变动[③]；Peebles 指出，转型经济国家的货币供给往往具有显著的内生性，因此货币数量论并不适用于解释这些国家货币、产出和价格的关系，钉住货币供应量的政策是

---

① Nienke Oomes and Franziska Ohnsorge, "Money demand and inflation in dollarized economies: The case of Russia", *Journal of Comparative Economics*, 2005, 33, 3:462-483.

② 从微观角度讲，流动性是指即资产转换为支付清偿手段的难易程度。这里的流动性过剩指宏观意义上的货币供应多于货币需求的现象。

③ Milton Friedman, "The Demand for Money: Some Theoretical and Empirical Results", *Journal of Political Economy*, University of Chicago Press, 1959.

不适宜的[①]。但是很多学者的实证研究又表明货币供应量对通货膨胀的影响是明显的。Kuijs 运用向量自回归(VAR)方法证明,在转型国家中,货币供应量对通货膨胀的影响是直接而快速的[②]。

专栏 2-1　弗里德曼:通货膨胀唯一的原因是政府发行货币过多

　　绝大多数学者都相信引起通货膨胀的因素是多方面的,机理是复杂的。但是,在 1976 年诺贝尔经济学奖得主米尔顿·弗里德曼教授看来,通货膨胀永远是、而且在任何地方都只是一种货币现象。通货膨胀只有一个原因,那就是政府发行货币过多。他甚至说,"通货膨胀的问题,只是印刷行业的问题。"作为对策,根治通货膨胀的唯一出路是减少政府对经济的干预,控制货币增长。控制货币增长的方法是实行"单一规则",即中央银行在制订和执行货币政策的时候要"公开宣布并长期采用一个固定不变的货币供应增长率"。

　　这就是著名的"单一规则货币政策",它和由此推行出的坚持经济自由、减少政府干预的观点一起,构成了以弗里德曼为首的货币学派的两大核心理论。弗里德曼旗帜鲜明地反对凯恩斯的政府干预思想。他认为,在货币供给量不变的情况下,政府增

---

① Peebles, Gavin, "Why the Quantity Theory of Money Is Not Applicable to China, Together with a Tested Theory That Is", *Cambridge Journal of Economics*, 1992, 16:23 - 42.

② L. Kuijs, "Monetary Policy Transmission Mechanisms and Inflation in the Slovak Republic", *IMF Working Paper WP/02/80*, Washington, D. C. : IMF. 2002.

加开支将导致利率上升,利率上升将引起私人投资和消费的缩减,从而产生"出效应",抵消增加的政府支出,因此,货币政策才是一切经济政策的重心。

货币学派在20世纪50年代打着对抗"凯恩斯革命"的旗号诞生,但直至20世纪70年代才大行其道。那时,长期实施凯恩斯主义的扩张性经济政策终于给西方经济带来了恶果,各国的经济发展缓慢,赤字越来越大,失业越来越多,通货膨胀率越来越高。于是,货币学派提出了以稳定货币、反对通货膨胀为中心内容的一系列政策主张。由于这些政策主张顺应了西方经济在新形势下发展的需要,因此,赢得了许多的赞同者和追随者,并且得到一些国家政府的特别赏识。

无论是发达国家还是发展中国家,其经济运行无处不渗透着弗里德曼的思想与主张。自此,货币学派声名鹊起,被普遍看作凯恩斯学派的替代者,弗里德曼更是被称为"反通货膨胀的旗手"。

资料来源:

[1] 曾昭逸:《"通货膨胀唯一的原因是政府发行货币过多"》,网易在线,2006年9月19日,网址:http://culture.163.com/06/0919/14/2RD1OQOK00280015.html

[2] 王凯、庞震:《货币供应量、通货膨胀不确定性与经济增长——兼论弗里德曼假说在中国的适用性》,《山西财经大学学报》2008年第7期。

(二)利率与通货膨胀

利率的改变将导致宏观经济的供给和需求改变,从而影响通货膨胀。绝大多数的观点认为货币政策主要通过利率的变化影响居民和企业的储蓄、投资决策等来影响经济的需求。Barth and

Ramey 重点研究了经济的供给方,他将货币政策的成本效应扩大了需求渠道的机制,称作货币政策的成本传递渠道[①]。形成成本渠道的原因之一是因为公司拥有营运资本,在销售出商品取得利润前,公司一般比较依赖银行信贷部门。当货币政策变动时,假如提高利率,那么就会导致企业的持有营运资本成本增加,这就是货币传导的营运资本渠道。货币政策紧缩导致了短时期内利率的上升,高利率增加了营运资本的持有成本,从而抑制了通货膨胀的上涨。Ravenna and Walsh[②] 和 Chowdhury 等[③]将成本渠道融入了商业周期的新凯恩斯模型,认为利率影响了企业的边际生产成本,也会导致通货膨胀变动。

专栏 2-2 通胀风险与日俱增 亚洲国家迎来新一轮加息潮

利率是资金的价格,而物价是商品的价格。物价与利率的关系在一定程度上反映了经济的周期性特征。我们不仅要密切关注物价与利率的短期关系,也应观察物价上涨与利率变动的中长期关系。

2010 年至 2011 年第一季度,亚太地区经济增长势头强劲,但大规模资本流动以及不断上升的通货膨胀压力却带来了重大风

---

① M. J. Barth and V. A. Ramey, "The cost channel of monetary transmission", In: B. Bernanke and K. Rogoff, Editors, *NBER Macroeconomics*, 2001, *Annual* vol. 16, pp. 199 - 240.

② F. Ravenna and C. E. Walsh, "Optimal monetary policy with the cost channel", *Journal of Monetary Economics* 2006, 53:199 - 216.

③ M. Hoffmann Chowdhury, and A. Schabert, "Inflation dynamics and the cost channel of monetary transmission", *European Economic Review*, 2006, 50:995 - 1016.

险,亚洲各国面临的通胀风险可能比预期的更为严重。为狙击物价上涨、抑制通货膨胀,亚洲新兴经济体迎来新一轮加息潮。

2011年3月8日,越南央行率先加息,宣布将基准利率上调100个基点至12%。泰国央行9日宣布,将基准利率上调25个基点至2.50%,最近3个月泰国已两度加息。分析师普遍预计,泰国央行下月还将再次加息25个基点至2.75%,到年底时利率料将升至3%。韩国央行10日宣布,将基准利率从2.75%上调至3%,这是韩国央行自去年7月以来第4次上调基准利率,利率水平自2008年12月以来首次升至3%。据分析,韩国央行决定加息的主要原因是,消费者物价上涨率今年以来连续两个月高于央行设定的物价稳定目标。另据中国驻韩国使馆经商处的消息,经合组织(OECD)3月上旬发布的"1月消费者物价统计"数据显示,韩国食品物价同比上涨11.6%,在OECD成员中排名第一。其中,在整体消费者物价上涨率方面,韩国达4.1%,在OECD成员中排名第四,比OECD的平均值2.1%高出约1倍。

"目前看来,加息是亚洲新兴经济体抑制通胀的主要手段"。商务部研究院亚非研究部副主任王泺表示,"新兴经济体纷纷加息肯定会对抑制通胀起到一定的作用"。商务部研究院世界经济贸易部主任梁艳芬表示,"根据一般的经济规律,当前只是新兴经济体启动加息周期的开始。加息并非只有益而无害,加息的目的是为了抑制通货膨胀及物价上涨,但在某种程度上也增加了经济复苏的成本"。

资料来源:

[1] 王信川:《央行调统司盛松成:价格总水平稳定与利率市场化改革》,中国经

济网在线，2010 年 12 月 29 日，网址：http://finance. ce. cn/rolling/201012/29/
t20101229_16489420. shtml

[2] 李宁：《通胀风险与日俱增 亚洲多招并举抗通胀》，金融界财经频道，
2011 年 3 月 17 日，网址：http://finance. jrj. com. cn/2011/03/1716569484132.
shtml

（三）汇率与通货膨胀

汇率的波动，不仅会造成进口国进口商品价格的变动，从而可
能影响国内的价格水平，对通货膨胀形成压力，而且还会引发对汇
率进一步波动的预期，如果在人民币升值预期的作用下，将导致国
际资本的大量流入，寻求资产回报和人民币升值的双重收益，一
般来说，股票和金融资产是回报率高，流动性好的资产，国外资
金的流入往往会推动资产价格的上涨。应该说，在汇率的传导
影响下，资产价格影响通货膨胀的传导效应将会增强。汇率的
传导效应被定义为，由于进出口国之间的汇率变动 1％ 而引起的
一定比例的进口价格的变化。理论上来说，这种效应可以是 1 也
可以是 0[1]。

Ball 在研究中将汇率的传导效应纳入货币政策规则来监控通
货膨胀[2]。Kim 建立了一个误差修正模型（VEC），研究发现汇率
的升值对美国的 PPI 指数会产生消极的预期[3]。McCarthy 用

---

① 这里效应为 1 的时候，进口价格是由出口国的通货定价的；而效应为 0 的时
候，进口价格是完全由进口国的通货来进行定价的。

② L. Ball，" Efficient rules for monetary policy"，*International Finance* ，1999，2：63 -
83.

③ K. Kim，"US inflation and the dollar exchange rate：A vector error correction
model"，*Applied Economics* ，1998，30：613 - 619.

VAR 模型和脉冲分析,检验了美国、日本、德国、法国、英国、比利时、荷兰、瑞典和瑞士这九个发达国家的汇率和进口价格对国内 PPI 和 VPI 的影响效应,发现进口价格比汇率更能解释国内的通货膨胀[①]。进行其他类似研究的还有 Boldin[②] 和 Koenig[③],他们将进口价格纳入 CPI 预期模型。

关于汇率变动与价格相应变化的关系,Goldberg 和 Knetter 验证了汇率传递效应能解释 OECD 国家的制造业贸易商品价格 50%左右的变动[④]。因此,有效的货币政策应该阻止可能从汇率渠道引发的未来通货膨胀。Prasad S. Bhattacharya 和 Dimitrios D. Thomakos 通过对日本、英国和美国的主要经济体和 34 个行业进行了汇率传导渠道的研究,通过因果检验和建立模型得出结论:汇率对国内价格的变量是单向传导关系,不会受国内价格影响[⑤]。Ariel 等[⑥]对九个本币大幅贬值国家以及 Takatoshi 等对东亚国家的研究都表明,无论汇率变动对进口价格有无影响,其对消费者价

---

① J. McCarthy, *Pass-through of exchange rates and import prices to domestic inflation in some industrialized economies*, Staff Reports of Federal Reserve Bank of New York, 2000, vol. 111.

② M. D. Boldin, "A New Era for Inflation or Will Inflation Pick Up Before This Expansion Ends?" Unpublished paper, Conference Board, 1998.

③ E. F. Koenig, " What's new about the new economy? Some lessons from the current expansion", *Southern Economy*, Federal Reserve Bank of Dallas, 1998, July/August: 7 - 11.

④ P. K. Goldberg and M. M. Knetter, " Goods prices and exchange rates: What have we learned? ", *Journal of Economic Literature*, 1997, 35: 1243 - 1272.

⑤ S. Prasad and D. Dimitrios, *Economics Letters*, Volume 93, Issue 3, December 2006, pp. 393 - 397.

⑥ Ariel, T. Burstein, C. Neves and T. Rebelo, "Investment Prices and Exchange Rates: Some Basic Facts", *CEPR Discussion Paper*, 2004, No. 4290.

格的影响都很微弱①。

国内学者对于汇率与通货膨胀的关系也进行了大量的研究。谭小芬认为汇率升值对通货膨胀能有抑制作用,主要途径有两条:一是需求路径。一方面,在贸易顺差余额既定条件下,人民币升值可以使得其兑换成人民币的数量减少,央行被动释放的本币供应量相对减少,从而帮助起到货币紧缩的效果。另一方面,人民币升值有助于降低贸易顺差,减轻基础货币被动投放的压力,缓解流动性过剩格局,为央行货币政策的执行带来更大的弹性空间。二是成本路径。在国际市场能源、大宗商品价格上涨的情况下,国际原材料价格上涨容易传导至国内,人民币升值能够直接降低原材料和最终产品的进口成本,在一定程度上起到缓解输入型通胀的作用。人民币汇率和国内资源价格尤其是原材料的购进价格存在密切的负相关关系,人民币适度升值有利于降低以本币计价的进口成本上涨幅度,避免国际资源价格向国内传导,减轻国内通货膨胀短期过快上涨带来的负面影响②。

哈继铭对人民币汇率升值与通胀的关系进行了定量分析,结果发现,如果人民币名义有效汇率升值10%,中国CPI涨幅短期内将下降0.8个百分点,长期看将下降3.2个百分点③。

范志勇基于1994—2004年季度数据的静态回归分析表明,

---

①　Takatoshi, Ito, N. Yuri & Kiyotaka Sato, "Pass-through of Exchange Rate Changes and Macroeconomic Shocks to Domestic Inflation in Eastern Asian Countries", *RIETI Discussion Paper Series*, 2005:05 - E - 020.

②　谭小芬:《人民币汇率改革的经济效应分析》,《经济学动态》2008年第7期。

③　哈继铭:《高增长和低通胀催生资产价格泡沫》,《金融博览》2007年第6期。

名义汇率波动对进口价格的影响在向消费者价格传导过程中由于货币冲击的作用而减弱,因而对国内价格影响不显著;脉冲分析表明,汇率对生产者价格和消费者价格只有短期负向影响,一年半后消失;方差分解表明,汇率波动对生产者价格波动的贡献约为 20%,对消费者价格波动的贡献 7 个季度后才上升到约10%[①]。

吕剑基于 1994—2005 年月度数据的静态回归显示,消费、生产、零售三种价格都有明显的正向汇率弹性,也就是说人民币升值反而会推动物价上升;脉冲分析显示,各种物价指数起初对汇率变动有正向反应,4 个月后出现负向反应,但呈逐渐弱化趋势;方差分解显示,汇率对消费和零售物价的传递效应都只有10%左右[②]。

刘元春的实证研究表明,初级产品、原材料价格进口指数和工业品进口价格指数的汇率传递系数分别为 0.61 和 0.95,表明人民币升值能够有效降低工业品进口价格指数,但对初级产品和原材料价格进口指数的下降影响程度相对要低。中国并不是一个食品进口大国,对于目前以食品价格上升为主要特点的通货膨胀而言,人民币加速升值对抑制通胀的作用有限[③]。

张纯威在通过费雪交易方程式中加入了汇率的变量,检验汇

①　范志勇:《汇率和国际市场价格冲击对国内价格波动的影响》,《金融研究》2006年第 2 期。

②　吕剑:《人民币汇率变动对国内物价传递效应的实证分析》,《国际金融研究》2007 年第 8 期。

③　刘元春:《中国宏观经济分析与预测:2007—2008——财富结构快速调整中的中国宏观经济》,《新金融》2008 年第 2 期。

率对价格的影响程度,其研究结果显示:就短期而言,人民币汇率与通胀之间既不存在直接关系,也不存在间接关系,不能将人民币升值作为短期内治理通胀的手段。之所以短期内人民币升值不具有抑制通胀效应,可能与人民币升值预期强烈并持续存在有关[①]。

范言慧等基于 2004 年 4 月至 2007 年 6 月数据的实证分析表明,人民币升值预期对我国国际收支顺差的正向影响巨大,超出了现实升值的负向影响[②]。

人民币升值预期可能影响贸易收支:外国进口商担心我国出口商品价格会随人民币升值而上升,从而产生一种将未来进口提前实现的冲动;我国出口商为了维护原有市场,防止出口环境进一步恶化,及时盈利缩小甚至亏损的情况下仍会努力扩大出口,并加速结汇;人民币升值,我国进口商品价格上升,进口商会促使其提前进口,导致贸易规模和差额受人民币升值预期影响不大。

而人民币升值预期也会影响资本与金融项目:人民币升值预期将吸引大量投机资本公开或隐蔽地流入国内。我国投机性国际资本流动 1986—2000 年表现为持续净流出,2001 年后,由于人民币升值预期的作用,转化为持续净流入,仅 2007 年上半年就达到 2003 亿,2008 年 1 季度,如果按国际储备增加额减去贸易顺差和 FDI 来计算,净流入超过 850 亿。这意味着我国外部失衡的主要

①　张纯威:《人民币升值抑制通胀效应的实证检验》,《财贸经济》2008 年第 7 期。
②　范言慧、潘慧峰、李哲:《人民币升值预期与我国的贸易顺差》,《国际金融研究》2008 年第 2 期。

原因正由贸易项目转变为资本项目,由国际游资造成的人民币升值压力和冲销压力迅速增大。

专栏 2-3   现实中人民币升值对抑制通胀效果可能是"火上浇油"

在我国目前实行的有管理的浮动汇率制下,人民币汇率的变动主要取决于贸易政策目标而不是抑制通货膨胀。但在目前情况下,汇率升值的贸易政策目标正好与抑制通货膨胀的宏观经济政策目标并行不悖。在国际市场大宗商品价格高企的情况下,人民币升值还有助于减轻我国的输入型通胀压力。正是由于理论上的完美无缺,使得不少学者和官员都主张放大人民币汇率的波动幅度,认为人民币升值及其波动是抑制通货膨胀的"灵丹妙药"。我们也可以从逻辑上分析人民币升值及其波动对通货膨胀的抑制作用途径,如下图所示:

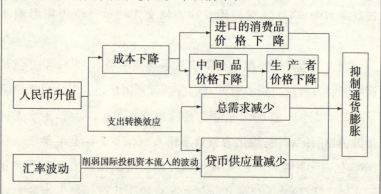

人民币升值及其波动对通货膨胀的抑制作用途径

但是实践中,汇率对物价的影响机制众多,且不同的影响机制具有各自的传导特点和传导速度,所以完美的理论有时很难对实践做出科学指导。我国廉价的要素成本,使得制成品价格低廉,在国际市场上存在旺盛需求,纵使人民币升值可以在一定程度上提高我国出口商品价格,但是外需对汇率变化的敏感度较低,除非加大进口,否则贸易顺差难以有效缩小。此外,企业的生产计划是提前制定的,在短期内很难改变,并且出口模式存在刚性,很难随汇率变化及时调整,出口下降往往也不显著。

对于中国这样一个大国,国内与国外产品很难实现完全替代,这就无法满足通过人民币升值解决国内通货膨胀的两个前提:一是进口产品一定要与国内价格涨幅比较大的产品有较强的替代效应;二是升值所带来的进口产品降价幅度一定要大于国内同类产品的涨价幅度。另外,人民币升值可以降低进口商品价格。然而在现行外贸体制下,并不是所有的企业都能够自由进口国外的产品和服务,人民币升值所带来的价格收益一部分由拥有进口权的国有企业享受,一部分通过加工贸易由外资企业及外国消费者所占有。另外,在商品进口贸易中,存在着资源品进口垄断和消费品税收管制,这会变相提高进口商品价格。

因此,人民币升值短期内不仅无助于缓解通胀,反倒有可能推高通胀。人民币持续升值的预期会诱发国际资本大量流入,使得资本项目顺差增加,外汇占款引发基础货币大量投放,反而加大物价上涨压力。

资料来源:

[1]邓永亮:《汇率水平与汇率波动对通货膨胀的影响研究》,《财贸研究》2010年6月。

[2]马涛:《人民币升值抑通胀或适得其反》,和讯评论在线,2011年3月16

日,网址:http://opinion. hexun. com/2011 - 03 - 16/127958869. html
[3]肖潇:《人民币升值对抑制通货膨胀作用有限》,《领导文萃》2008 年第
22 期。

二、通货膨胀预期

　　预期概念在凯恩斯《就业、利息和货币通论》中占有重要地位。
他将预期分为短期预期和长期预期,认为预期是影响总供给和总需
求的重要因素,甚至是导致经济波动的决定性因素;他认为就业水
平、货币需求、投资水平以及贸易周期都与预期有关。凯恩斯认为人
们之所以投资证券,是基于投机获利的动机。Friedman 和 Phelps 强
调了预期是经济产出的重要决定因素,并基于菲利普斯曲线的失业理
论的分析上,指出实际的通货膨胀和失业的关系是依赖于预期的通货
膨胀[1]。Lucas 在理性预期假说的基础上,探讨了在给定可获得信息
的基础上经济主体如何作出对未来经济事件的最优可能预测[2]。

　　通货膨胀预期往往不易于测度,因为除了理性预期还会存在
非理性因素,这些将会对居民消费、投资等方面产生影响,从而影
响未来的真实通货膨胀率。通胀预期的测度及形成机制仍然是学
术界研究的热点也是难点。已有研究大多认为预期通胀率是以往
CPI 的加权求和,而我国通胀预期主要是适应性的,是公众对以往

[1]　Milton Friedman, "The role of monetary policy", *American Economic Review*, 1968,58(1):1 - 17;E. S. Phelp, "Phillips Curces, Expectations of Inflation and Optimal Unemployment over Time", *Economica*, 1967,34;E. S. Phelps, "Money-Wage Dynamics and Labor-Market Equilibrium", *Journal of Political Economy*, 1968,76.
[2]　E. Robert Lucas, Jr., "Expectations and the Neutrality of Money", *Journal of Economic Theory*, 1972,4:103 - 124;E. Robert, Lucas, Jr., "Some International Evidence on Output-Inflation Trade-Offs", *American Economic Review*, 1973,63:326 - 334.

经验的总结。国外通胀预期测度方法往往采用证券名义收益利差法，将期限较长的债券名义收益率减期限较短的债券名义收益率作为预期通货膨胀率。

李红玲、戴国海对居民包括消费品、投资品和资产价格感受在内的总体通胀感受及预期进行了定量调查，以期全面刻画居民通胀预期及其影响因素。调查表明：对 2007 年的通胀感受成为决定居民 2008 年通胀预期的第一因素。前者每提高 1%，将推动 2008 年通胀预期提高 0.36%，说明以往价格走势对居民预期存在显著惯性影响，当前居民通胀预期很大程度上是对以往通胀水平的适应性预期。房地产涨价预期对总体通胀预期影响显著，对总体通胀预期的推动作用趋强。房价预期涨幅每提高 1%，会推动通胀预期提高 0.098%，推动作用较 2007 年提高 0.023 个百分点。但是，是否拥有股票及股票涨价预期对居民通胀预期没有产生显著影响。这表明股票由于自身价格的剧烈波动，对居民通胀预期的影响并不明显[①]。

现在国际上已经被广泛采用的通货膨胀目标制货币规则实行的其实也是通货膨胀预期目标。货币政策的奏效通常会有一个时滞，当前的政策往往会影响未来的通货膨胀率。

专栏 2-4　从"蒜你狠"到"糖高宗"：2010 年通胀预期
强化"多米诺效应"

从 2010 年上半年的的"豆你玩"、"蒜你狠"、"姜你军"，到下半年的"糖高宗"、"油不得"，涨价潮来势汹汹，势不可挡。据国家统计局公布的 2010 年 9 月份 CPI 同比数据创 23 个月新高至 3.6%，

---

① 李红玲、戴国海：《居民通货膨胀感受及预期形成机制研究》，《金融纵横》2008 年第 6 期。

新涨价因素的影响主要来源于食品和居住价格的上涨,这两个因素贡献了 90%。

沿着物价上涨的路线回顾,我们很容易就可以发现这么几个特征:

首先,涨价从小商品波及大商品。早期领涨的大蒜、生姜等生产与集散地相对集中,易于炒作,因此是民间游资的最早发力之地,但从石油金属到棉糖稻油,涨价已是全面开花;

第二,从上游原材料到下游终端,涨价的"多米诺效应"正在演化。棉花涨了,化纤跟着涨,接着是棉纱、面料等等,最后到服装终端,诸如特步、李宁、雅戈尔等几乎所有国内一线服装品牌已经或正在酝酿提价。"糖高宗"甚至"糖玄宗"之后,金丝猴奶糖上调出厂价 10%。阿尔卑斯、大白兔、徐福记等厂家也已下达通知,表示要涨价 5% 至 12%。另外,也不乏像方便面一样通过"瘦身"隐性涨价的终端商品;

第三,从金融属性和高端领域领涨到普通商品,特别是生活必需品的普涨。但是,涨价的"万恶之源"还是从 2008 年开始飙升的房价。"国十条"调控之后,纪念币、邮票、艺术品等等开始火爆,钱越多的人对货币贬值往往越敏感,金融属性强和流动性好的市场反应往往更快。但现在涨价早已由高端品"飞入寻常百姓家";

第四,国内外联动涨价,从棉花、食糖、玉米等到成品油,国际化背景下内外市场的联动性越来越强。从 2010 年 7 月到 10 月,国际粮价大幅攀升,比如国际小麦价格一度上涨 60% 至 80%,现 40 年来最凌厉涨势;

第五，从特殊因素推动到通胀预期推动，如果说大蒜疯涨超过 100 倍在很大程度上来自甲流概念的助推，那农产品、化工、油价、医药原料药等等的普遍涨价则是通胀预期的全面爆发。而且，从期货市场上棉花、糖、橡胶等品种远期升水不断走高看，通胀预期还在强化。

总体看来，不论是国际还是国内，尽管由于天气和灾害原因导致粮食、蔬菜、糖、油料等作物减产从而供给下降，但物价上涨的更大推手还是流动性过剩及其引发的通胀预期。

资料来源：

李莜璇：《通胀预期强化"多米诺效应"搅局资本市场》，腾讯财经在线，2010 年 10 月 30 日，网址：http://finance.qq.com/a/20101030/000257.htm

三、外部冲击

外部冲击主要指通过国际贸易传导机制和金融市场传导机制对国内经济产生影响。国际贸易传导机制是以国际贸易为传导渠道，一方面，通过改变一国的贸易条件来改变该国的贸易竞争力，从而通过供给效应和收入效应来间接地影响该国的进出口；另一方面，通过影响该国的进出口，最终对国内经济造成影响。金融市场传导机制则是以金融市场为传导渠道，通过影响国际资本流动（流入和流出）引发一国金融资产价格变化，导致该国企业融资成本和居民金融资产价值的变化，进而对国内投资和消费产生影响。它既可以通过经济体之间的双边资本往来直接发挥作用，也可以通过影响第三方经济体的资本流向来影响本国经济。

开放条件下,通货膨胀将受到国外经济因素的影响,比如:大国利率、大国通胀以及能源价格等。这里的大国是指国内的货币政策制定对其他国家会产生影响的国家,比如美国。

(一)大国利率

在开放经济条件下,尤其在资本可以自由流动的前提下,大国的货币政策将对其他国家的货币政策产生"蝴蝶效应",这体现在利率政策的制定上。假设存在大国 A 和小国 B,大国的利率低于小国,那么大量的资本就会在逐利的驱动下从 A 国转移至 B 国,从而形成 B 国流动性过剩。

前面我们已经分析过流动性过剩将会造成资产价格上涨和通货膨胀率的上升,因此大国利率政策也是影响资产价格向通货膨胀传递的不可忽略的因素。

贾俊雪等认为外部冲击对本国金融和经济的影响主要取决于经济开放度、经济结构、经济脆弱性以及汇率制度安排及汇率变动[1]。他们考察了美国的实体经济波动冲击[2]和金融波动冲击[3]通过国际贸易和金融市场传导渠道对我国宏观经济稳定的影响。金融市场渠道在美国经济冲击传导中的作用更为突出。

产业结构升级、以银行业为主导的金融体系结构、相对稳定的汇率政策以及相对稳健的财政和金融状况,都在一定程度上有助于缓解外部冲击对国内经济稳定的不利影响。

---

① 贾俊雪、郭庆旺:《经济开放、外部冲击与宏观经济稳定——基于美国经济冲击的影响分析》,《中国人民大学学报》2006 年第 6 期。

② 用 HP 滤波消除趋势后的实际产出度量。

③ 用 HP 滤波消除趋势后的美国联邦基金利率度量。

(二)大国通胀

Pengfei Wang 和 Yi Wen 通过比较不同国别之间的通货膨胀指数、产出以及货币供给量的相关性,发现在不同国家之间,通货膨胀存在惊人的同步性(表2-1)。作者列举了 G7 国家之间通货膨胀的交叉相关性,他们发现每个国家之间的 CPI 都存在正相关性。其中,美国和德国之间的通货膨胀相关性最小,为0.26,而法国和意大利的通货膨胀相关性高达0.92,平均值为0.62[①]。

表 2-1　通货膨胀的跨国交叉相关性

	加拿大	英国	法国	德国	意大利	日本	美国
加拿大	1	0.66 (0.61)	0.83 (0.60)	0.39 (0.20)	0.84 (0.77)	0.62 (0.17)	0.74 (0.87)
英国		1	0.70 (0.52)	0.34 (0.34)	0.71 (0.70)	0.70 (0.29)	0.78 (0.72)
法国			1	0.29 (0.26)	0.92 (0.73)	0.60 (0.26)	0.76 (0.65)
德国				1	0.30 (0.29)	0.36 (0.16)	0.26 (0.30)
意大利					1	0.67 (0.25)	0.76 (0.82)
日本						1	0.70 (0.16)
美国							1

资料来源:此表引自:Pengfei Wang and Yi Wen,"Inflation dynamics: A cross-country investigation",*Journal of Monetary Economics*,Vol. 54,Issue 7,October 2007,pp. 2004-2031.

----

① Pengfei Wang and Yi Wen,"Inflation dynamics: A cross-country investigation",*Journal of Monetary Economics*,2007,54,7:2004-2031.

　　他们在继续对总共 18 个国家的实证研究中,得到了 153 个可能的交叉相关系数,结果无一例外,这些国家的通货膨胀都和发达国家的通货膨胀正相关,这些全部样本的相关系数平均值为 0.57。通过建立粘性信息模型,最后得出的结论是:用货币冲击无法解释通货膨胀的联系,说明这不是一个货币问题。

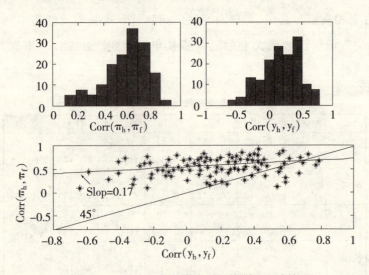

图 2-1　产出和通货膨胀之间的跨国一致性

资料来源:此图引自 Pengfei Wang and Yi Wen,"Inflation dynamics: A cross-country investigation",*Journal of Monetary Economics*, Vol. 54, Issue 7, October 2007, pp. 2004 - 2031.

　　2007 年底爆发的美国次贷危机以来,世界经济都遭受了不同程度的影响,出现了经济下滑,物价增长率减缓等现象。而部分国家的 CPI 指标再次呈现了惊人的一致性(图 2 - 2),再次证明了国际之间的物价水平存在一定的联动性,讨论通货膨胀水平必须考虑国际因素,尤其是大国的通货膨胀水平。

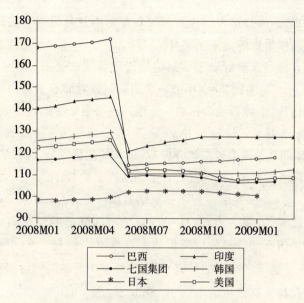

图 2 - 2　部分国家的 CPI 指标变动图

资料来源:各国 CPI 数据值来源于世界银行数据库,上图为作者用 EXCEL
表格制作。图片中折线从上至下分别为:巴西、印度、韩国、美国、G7、日本。

(三)能源价格

能源价格已经在国际经济中扮演越来越重要的角色,二次世
界大战后由于石油和其他能源产品的价格大幅度升高而对世界经
济造成很大的冲击,能源价格已经被很多学者乃至政府所重视。很
多学者比较早开始研究能源价格冲击对产出和通货膨胀的影响。

1999 年后,研究石油价格对经济影响的文献逐渐增多。J.
Cunadoa 和 F. Perez de Graciab 对六个亚洲国家 1975 年一季
度—2002 年二季度的区间数据进行了分析,研究石油价格对经济
增长和 CPI 的影响,结果发现石油价格对经济增长和价格指数都
有明显的影响,而且石油价格对消费价格指数的影响比经济增长

的影响更大,虽然这种效应被局限在短期内并且只有石油价格波动受国内货币影响时才更明显①。

还有一些文献着眼于石油价格传递程度的研究。Hooker 用 1962 年第二季度到 2000 年第一季度的数据对菲利普斯曲线模型进行了估计,他将石油价格纳入美国的核心通货膨胀指标,却发现从 1980 年开始,石油价格传导效应已经很小②。LeBlanc 和 Chinn 用菲利普斯曲线框架分析 G5 国家的数据,得到相似的结论:当前的石油价格增长对美国、日本和欧洲影响较小③。Gregorio 等人通过对 34 个发达和发展中国家的数据研究,发现石油价格效应在逐步减弱④。另一方面,Hooker 认为逐渐降低的能源集中度不是引起美国石油价格效应降低的主要原因⑤,但是 Gregorio 等人对 24 个发达国家相似的研究,得出能源集中度的降低可以帮助解释石油价格传递效应的削弱⑥。Shiu-Sheng Chen 对 19 个发达国家的石油向通货膨胀的传递效应进行了研究,认为总体来说传

①　J. Cunadoa and F. Perez de Graciab, *The Quarterly Review of Economics and Finance*, Volume 45, Issue 1, February 2005, pp. 65 - 83.

②　M. A. Hooker, "Are oil shocks inflationary? Asymmetric and nonlinear specifications versus changes in regime", *Journal of Money, Credit and Banking*, 2002,34,2:540 - 561.

③　Michael LeBlanc and Men zie D. Chinn, "Do high oil prices presage inflation?" *Business Economics*, 2004,39,2:38 - 48.

④　Jose De Gregorio, Oscar Landerretche and Christopher Neilson, "Another pass-through bites the dust? oil prices and inflation", *Working Paper, Central Bank of Chile*, 2007.

⑤　Mark A. Hooker, "Are oil shocks inflationary? Asymmetric and nonlinear specifications versus changes in regime", *Journal of Money, Credit, and Banking*, 2002,34,2:540 - 561.

⑥　Jose De Gregorio, Oscar Landerretche and Christopher Neilson, "Another pass-through bites the dust? ", oil prices and inflation, *Working Paper, Central Bank of Chile*, 2007.

导效应是下降的。本国货币的升值,对通货膨胀更为积极的货币政策以及更高的贸易开放度都可以用来解释石油价格传导效应的降低[1]。

专栏 2-5 油价给通胀加"油"日本震灾重创油价

中国作为全球主要能源消费国,原油 50% 以上靠进口。海关统计显示,2011 年 1 月,中国原油进口量为 2180 万吨,金额为 141.8 亿美元。据此测算,2011 年上半年的这轮油价上涨无疑会提高中国能源成本,中国进口原油每天要多花约 5000 万美元。

"石油价格过快上涨,确实会导致国内产生输入型通胀压力。而成本推动型的通胀是最难控制也是最难对付的。"厦门大学中国能源经济研究中心主任林伯强表示,由于能源消费在 CPI 中所占的权重较小,能源消费上涨对通货膨胀的直接影响比较小,但间接影响是比较严重的,能源价格上涨会带动其他大宗商品价格上涨,从而导致成本推动型的通货膨胀。

更有网友给出简单的"从油价看中国经济通胀"的逻辑链:汽油、柴油涨价—运输成本上涨—超市商品涨价—电、水、煤跟涨—生产成本上涨—中石油、中石化利润下跌—汽油、柴油又涨价……

事实上,中国作为以投资为主导的国家,油价上涨直接和最大影响主要体现在生产成本和经济成本增加,导致物价水平上升。这也使得国家的货币政策显得很尴尬,因为输入型通货膨胀是货币政策管不到的范畴。

---

[1] Shiu-Sheng Chen, *Energy Economics*, 2009, 31, 1:126 - 133.

从日本"3.11"超级地震的影响来看,震灾严重打击了日本制造业和交通运输业,短期来看石油需求可能减少。不过,作为世界第三大石油消费国,日本在灾后重建过程中将以火电替代一部分核电,继而推升石油需求。如果使用火电替代受地震影响而中断的核电电力供应,日本石油消费将每天增加 20 万桶。另外,英荷壳牌石油公司也宣布,打算向日本提供液化天然气和燃料油,帮助日本填补电力短缺。

因此,从长期看,全球石油和天然气需求及价格不会下降。人口增长、生活标准提高、能源投资滞后,这些因素意味着能源价格将继续走高。尽管震后短期内油价已跌,但仍远高于年初水平。国际能源机构警告,现阶段油价过高,不利于世界经济发展。一旦通货膨胀压力增加,政府实施财政紧缩,经济将遭受进一步打击。

资料来源:

[1] 惠晓霜:《日本震灾重创油价》,新华网在线,2011 年 3 月 17 日,网址:http://news.xinhuanet.com/world/2011 - 03/17/c_121199039.htm

[2] 陈偲:《油价给通胀加"油" 防范借机炒作》,人民网在线,2011 年 3 月 8 日,网址:http://energy.people.com.cn/GB/14084917.html

第三章 资产价格影响通货膨胀的机理研究

第一节 资产价格波动影响通货膨胀的研究起点

因为金融资产具有虚拟经济的属性,因此研究资产价格如何影响通货膨胀的起点,就需要研究虚拟经济如何作用于实体经济。既然是研究价格之间的传导机制,按照市场供求理论,市场价格应该由社会总供求的均衡来决定,因此社会总供给或者需求的改变都可以对价格造成波动,资产价格波动通过各种机制影响消费、投资、储蓄等宏观变量从而对总需求产生影响,也可以通过增加企业的生产成本、信贷成本等影响总供给,从而影响通货膨胀,这是我们研究的主要思路。

一、虚拟资本与实体资本

资本必须具有两个特性,一是它本身必须具有价值;二是它必须能够产生剩余价值。虚拟资本不具备第一个特性,不能通过直接交换来购买生产要素,因此称为虚拟资本。狭义的虚拟资本一般指专门用于债券和股票等有价证券的价格。广义的虚拟资本是指银行的借贷信用(期票、汇票、存款货币等)、有价证券(股票和债券等)、名义存款准备金以及由投机票据等形成的资本的总称。

马克思侧重从狭义的角度论述虚拟资本。他在分析商品资本代表可能货币资本的那种特性时指出:"虚拟资本,生息的证券,在它们本身是作为货币资本而在证券交易所内流通的时候,也是如此。"①

成思危认为,"虚拟资本是既不具有实物形式、又不具有货币形式的、价值不确定的、但可以产生利润的、建立在信任关系基础上的资源。它们可以用来获得实际资本的使用权,但是它要承诺给实际资本的所有者以一定的回报,或与实际资本的所有者共担风险并且共享盈利"②。

虚拟资本不同于现实的资本,它只是定期获取收益(股息、债息)的所有权凭证。虚拟资本通过循环运动也可以产生某种形式的剩余价值,这种运动是指职能资本家(产业资本家或商业资本家)从其所获得的利润(剩余价值)中按照有关约定以利息的形式付给虚拟资本的所有者。资本市场是虚拟资本最重要的存在场所,虚拟资本运动是资本市场的本质特征。股票、债券、商业汇票、银行汇票、通货、银行的存款货币等,都是虚拟资本的表现形式,此外,期权、期货等现代金融衍生品这些反映着权利的价值符号也归于虚拟资本范畴。

虚拟资本对现实资本的影响主要是虚拟资本的膨胀风险。虚拟资本产生的基础是投资方对融资方的信任及所投项目的赢利前

---

① 马克思:《资本论》,第 3 卷,人民出版社 1975 年,第 558 页。
② 成思危:《虚拟经济的基本理论及研究方法》,《管理评论》2009 年第 1 期。

景,而融资方给予投资方的所有权证与融资方自有的实物及货币资产无关。当投资方及(或)融资方对项目赢利前景的估计过于乐观时,往往会过度地投资或融资,从而造成虚拟资本的膨胀。当这种乐观的估计因主观或客观原因而失误时,就会产生相应的风险①。也就是金融市场和房地产市场价格的剧烈波动或膨胀会影响实体经济。

专栏 3-1 信用货币与货币供给的故事

伴随着信用卡的迅速普及,信用货币也逐渐被越来越多的居民所接受,但是信用货币是如何影响货币供给体制的呢?我们用一个最简单、最抽象的童话故事来说明。

假设在西北某地区有一个封闭的山寨,在山寨中生活着一群人。这山寨中,唯一能进行交易的物品是一种同质或者说完全同样的和田玉。这山寨也有一个慈善、中立、宽容、大方的好心寨主,他没有任何个人利益追求,上帝交给他的唯一天职和任务,就是使山寨的所有人幸福。我们也假定这寨主相信市场,促进市场交易,故他让一个叫"国银"的大叔来分管这山寨内部贸易的货币流通事宜。但这国银没有任何钱,而寨主发现市场交易发生国银需要钱玩转市场交易时,就按需求给他一种叫"货币"的东西。

在交易的第一个回合,假设一个叫"卖一"的人挖出了一块和田玉,他要出售,而正好遇到一个叫"买一"的主,经讨价还价,卖一和买一同意以 10 元价格来买卖。但是,买一没有一分"钱",于是他找到了国银,国银也没钱,就向寨主要来"10 元"的接钞票,

---

① 成思危:《虚拟经济的基本理论及研究方法》,《管理评论》2009 年第 1 期。

并着把这个钱贷给了买一。于是,买一就拿来这贷来的 10 元
"外生的钞票"给了卖一,卖一接着则把这 10 元卖出和田玉的钱
存入了"国银"那里。这样,第一轮交易就结束了,结果是:买一
得到了一块和田玉,国银贷款给买一 10 元,卖一卖出的 10 元钱
又存入了"国银"手中。到最后,国银竟然把他给出的 10 元数字
或 10 元钱收了回来,没多,没少,但却使市场交易发生了。

第二轮,有个叫卖二的人也挖出了一块完全同样的和田玉,
也恰好遇到了一个叫买二的人要出 10 元的价买他这块玉,但买
二仍然没钱,也跑到"国银"那里去贷 10 元钱,而国银手中恰好
有卖一刚存来的 10 元储蓄钞票,于是就把这钞票贷给了买二。
买二贷到款,立即给了卖二,卖二又立即把卖玉的收入存到"国
银"那里。交易结束了,买二得到了玉,卖二得到了 10 元钱,但
在国银那里却积累出了 20 元的储蓄数字,这 20 元储蓄,用现在
经济学的时尚术语来说,就是"M2",且是由交易过程所"内生出
来的"广义货币,但"国银"那里最后是个什么格局呢? 有 20 元
的负债(卖一、卖二的储蓄),他同样有买一、买二的贷款债权。
用现在的时尚术语来说,在国银大叔那里积累下来了 20 元的
M2 广义货币。更奇怪的是,在国银那里,仍旧有 10 元的现钞,
虽然内在于 20 元的存款中,但可以再随时贷出去。

假如这和田玉市场的价格还是每轮涨 10 元,寨主为了促进
大家的交易还是不断外生地给国银大叔那里加钞票,那第四轮
交易后会在国银那里积累 100 元的 M2 了,第五轮交易后则会
在他那里积累 150 元! 再想下去,如果这和田玉的价格不是每
轮 10 元 10 元地涨,而是翻倍、再翻倍地涨,无论用多少块和田
玉交易,总能在国银大叔的总账中积存下来想要的 M2 来。

如果这山寨的交易也电子网络数字化了,像当今社会这样

使用电子货币转账记账的方式来进行市场交易了,那就连现钞也不用了,这样一来,广义货币创造会更便捷、更快,当然也会更危险。在此情况下,如果寨主不给国银大叔设个"准备金"制度,或国银大叔对寨主的任何指令都阳奉阴违,那国银大叔可能会想,既然短期卖一、卖二、卖三也不会来取回他们的储蓄,我把所有储蓄全贷出去不会有多大风险。这样一来,只要寨主初始注入我的账户中一定量的"货币数字",国银大叔就会在一轮又一轮的交易环流中生出无限多的作为储蓄的"数字 M2"来,于是引发了货币超发,导致了通货膨胀。

资料来源:

韦森:《和田玉的交易故事与货币创生》,华尔街日报在线,2011 年 3 月 1 日,网址:http://cn. wsj. com/gb/20110301/WES082555. asp? source＝UpFeature

二、货币替代和资产替代行为

狭义的资产替代就是指货币资产替代,广义的资产替代包括金融资产之间的替代,也包括金融资产和货币资产之间的替代行为。

(一)货币替代

货币替代最初由美国经济学家 Chetty 提出来的,它是指一国居民因对本币稳定失去信心,或者本币资产收益率相对较低时产生的大规模用外国货币在本国境内替代本国货币充当价值标准、交易媒介、支付手段和价值储藏等职能的一切现象[1],也称

---

[1]　V. K. Chetty, "On measuring the nearness of the near-moneys", *American Economic Review*,1969,59:270 - 281.

为美元化[1]。

学者们对于货币替代的研究比较多。主要集中在本外币的替代行为,本外币的替代将导致居民、企业资产负债结构的变化,从而影响居民、企业的消费、投资或者信贷。

货币替代的衡量指标一般分为两种:绝对量指标和相对量指标。绝对量指标有:①一国居民的国内外币存款数量;②一国居民的国外外币存款数量;③一国居民在国内外的外币存款数量和国内流通中的外币现金数量之和。

相对量指标则包括:①国内金融体系中的外币存款(F)与本外币存款之和(D+F)的比率,即 $F1=F/(D+F)$,其中 D 代表国内的定期存款和活期存款;②国内金融体系中的外币存款(F)与国内货币存量之和(M2+F)的比率,即 $F2=F/(M2+F)$;③国内金融体系中的外币存款(F)与公众持有的本币资产 M2 的比率,即 $F3=F/M2$。

货币替代现象在各个国家普遍存在。Miles 观察了美国、加拿大和德国的货币替代现象[2]。Mizen 和 Pentecost 调查了主要的欧洲国家,这些国家没有明显的英镑替代现象。但是在一些拉丁美洲国家,由于国内高通货膨胀率以及经济稳定性欠缺,存在明显的货币替代现象,也就是美元化现象[3]。

① A. Giovannini and B. Turtelboom, "Currency substitution", *The Handbook of International Macroeconomics*, Blackwell Publishers, Oxford,1994, pp. 390-436.

② M. A. Miles, "Currency substitution: Some further results and conclusions", *Southern Economic Journal*,1981,43:78-86.

③ P. Mizen and E. J. Pentecost, "Evaluating the empirical evidence for currency substitution: A case study of the demand for sterling in Europe", *The Economic Journal*,1994,104:1057-1069.

　　Batten 和 Hafer 的研究证明美国的货币替代对国内的通货膨胀率并没有重要的影响[①]。Ramirez-Rojas 的研究发现,阿根廷在1980—1984 年间,墨西哥在 1977—1980 年间,乌拉圭在 1970—1982 年间都存在货币替代现象[②]。而这些现象是金融自由化的结果,当大家认为外汇储备不足以偿还赤字和外债时,货币替代可以对冲汇率变动的风险[③]。

　　M. Lebre de Freitas 在研究货币替代与通货膨胀之间的动态变化时,建立了一个模型[④]。他们首先假定在一个开放的经济下,汇率可以自由浮动,资本可以自由流动,国内有固定的居民 N 个人,并且每个人都按照效用最大化来安排自己的资产组合,假设只存在国际的指数债券和国内消费品,且都可以用国内和国际两种货币自由购买。消费品可以用国内 P 单位货币(M)或者 P＊单位国外货币(F),每个个体均满足:

$$m_t + f_t = 1$$

　　其中 $m_t = M_t / NP_t$,$f_t = F_t / NP_t^*$,分别表示国内个人持有本国和外国货币的比例。假设国内政府为了保证国家经济安全限定了国内货币持有比例不能低于 $\bar{m}$,很容易得到:

　　① D. S. Batten and R. W. Hafer, "The impact of international factors on U. S. inflation: An empirical test of the currency substitution hypothesis", *Southern Economic Journal*, 1986, 53, 2: 400 – 412.

　　② C. L. Ramirez-Rojas, "Currency substitution in Argentina, Mexico and Uruguay", *IMF Staff Paper*, 1985, 32: 629 – 667.

　　③ G. A. Calvo and C. A. Ve'gh, "Currency substitution in developing countries: An introduction", *Revista de Ana'lisis Econo'mico*, 1992, 7: 3 – 27.

　　④ M. Lebre de Freitas, "The dynamics of inflation and currency substitution in a small open economy", *Journal of International Money and Finance*, 2004, 23, 1: 133 – 142.

$$\bar{m} \leqslant m_t \leqslant 1$$

再假设每个个体都会理性选择货币的形式,定义如下:

$$m_t = \begin{cases} 1 \ if \ \pi_t < \pi^* \\ any \ if \ \pi_t = \pi^* \\ \bar{m} \ if \ \pi_t > \pi^* \end{cases}$$

这里,$\pi_t = \bar{P}_t / P_t$,$\pi_t^* = \bar{P}_t^* / P_t^*$。这是常见的套利现象。当国内通货膨胀低于国外通货膨胀时,居民会选择持有国内货币,而一旦国内通货膨胀高于国外通货膨胀的时候,居民会选择用国外货币替代国内货币;当国内和国外通货膨胀均衡时,货币替代比例是随意的。名义货币供应量假定是时间的连续函数,定义变化率 $\mu_t = M_t^* / M_t$,从而真实的货币持有比例将变为:$m_t = (\mu_t - \pi_t) m_t$。动态平衡的时候就是真实货币供求平衡的时候。因为是小国,因此国内货币的需求不会对国外通货膨胀率产生影响。

如果国内货币供给增加的速度是时间的线性方程,假设为

$\mu_t = \mu + \sigma t. \ with \ \sigma > 0$,并且 $0 < \mu < \pi^*$,那么 m 和 π 的动态均衡路线是:

$$m_t = \begin{cases} 1 & t < \bar{t} \\ \bar{m} exp\left[\dfrac{\sigma}{2}t^2 - (\pi^* - \mu)t + \dfrac{(\pi^* - \mu)^2}{2\sigma} \right] & \bar{t} \leqslant t < \bar{\bar{t}} \\ \bar{m} & t \geqslant \bar{\bar{t}} \end{cases}$$

以及

$$\pi_t = \begin{cases} \mu_t < \pi^* & t < \bar{t} \\ \pi^* & \bar{t} \leqslant t \leqslant \bar{\bar{t}} \\ \mu_t > \pi^* & t > \bar{\bar{t}} \end{cases}$$

这里，$\bar{t}=\dfrac{\pi^{*}-\mu}{\sigma}$，$\tilde{t}=\bar{t}-\sqrt{\dfrac{-2hx\bar{m}}{\sigma}}$ 非套利条件是 $\pi_t=\pi^{*}$，

假设 $lim_t-\bar{t}-m_t=\bar{m}$，那么 $m(\bar{t})=1$。

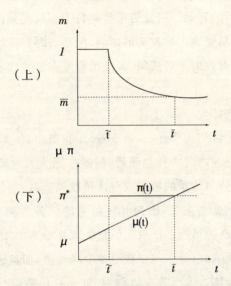

图 3-1　货币替代和通货膨胀的动态演进

该图引自：M. Lebre de Freitas，"The dynamics of inflation and currency substitution in a small open economy"，*Journal of International Money and Finance*，Vol. 23，Issue 1，February 2004，pp. 133-142.

$\tilde{t}$ 和 $\bar{t}$ 是根据定义求的方程根。这是关于货币替代和通货膨胀的动态演进路径。下边的图表示的是通货膨胀（粗线）和货币增长速度（细线）之间的关系，上边的图表示的是货币需求。在 $\bar{t}$ 之前，居民会选择持有本国货币，而在中间部门，当实现 $\pi_t=\pi^{*}$，那么货币替代现象就会发生，如果货币需求缓慢减少或者快速减少，那么通货膨胀的偏差（国内外通胀率之差）就不会为 0，也就不会有连续的变动路线。当国内的通货膨胀大于国外的通货膨胀时，

居民会最大化的减持国内货币,直到最低要求 $\overline{m}$。

货币替代行为通常是为了抵御汇率变动的风险,当在预期国内货币将贬值的情况下,居民、企业或者银行会采用持有外国货币替代国内货币的行动。因此货币替代行为容易受到国内通货膨胀的影响,也容易受到汇率波动的影响,但是有时候货币可能出现对内贬值,对外升值的矛盾现象,人民币曾经在过去的一段时间出现这样的状况。

(二)资产替代

资产替代最初由 Jensen 和 Meckling 提出,原意是在分析公司债权人和股东之间的利益矛盾时,股东因为只对破产承受有限的成本,如果公司承接的项目变得比预期风险高,则债权人在当前持有的债务上就会损失,因为其所持有的债务价格下降(利率上升)以反映更高的风险。债权人的损失就是股东的收益,当该项目具有正的净现值时,股东不仅获得整个净现值,而且还从债权人手中获得财富转移。这个效应被称为"资产替代效应",是债务融资的一个代理成本[①]。

后来资产替代逐渐被学者所重视,并且用来分析资本市场与货币市场之间的替代行为。资产替代是指由资产收益率和风险结构失衡所引发的公众重新调整其资产组合,减持价值被高估的资产,增持价值被低估的资产的套利行为。

资本市场的发展所产生的资产替代效应对货币需求具有重要影响。由于股票、债券、基金等非货币性金融资产的种类不断丰

[①]　M. C. Jensen, M. Meckling, "Theory of the Firm: Managerial Behaviour, Agency Costs and Ownership Structure", *Journal of Financial Economics*, 1976, 3: 305 - 311.

富,居民和企业就可以在货币和非货币性金融资产间进行资产组合,货币的资产职能得以增强[1]。资产替代在经济波动和金融危机的生成机制中扮演着一个极为重要的角色。从宏观经济看,公众资产组合的调整将影响储蓄与投资、消费的比例以及货币乘数与货币需求,进而影响总需求和物价。通货膨胀可看成是实物资产对货币资产的过度替代,而通缩则相反。

国内学者研究货币替代以及资产替代的行为从 2000 年就有了,但是 2005 年后对于资产替代与金融行为及其对经济影响的效应的研究才逐渐多起来,以邱崇明等[2]、刘旭友等[3]、张勇[4]等为代表。

分析储蓄存款与股票资产需求量变化规律时,既要考虑它们的绝对量,又要考虑相对量,影响二者及其替代的因素是相对收益水平,因而既要看到存款利率的变动,又要注意股市行情[5]。

货币替代行为的发生取决于国内外通货膨胀的差异,以及汇率的变动。资产替代的行为则取决于资产收益率的差异,如果存在套利条件,那么资产替代行为就会产生。

邱崇明等通过扩展世代交叠模型,用个人效用最大化的约束条件,建立了资产替代模型[6]。假设在一个纯交换经济中,只存在

---

①　李健:《渐进改革视野下金融体制与货币运行机制的关联》,《改革》2008 年第 4 期。

②　邱崇明、张亦春、牟敦国:《资产替代与货币政策》,《金融研究》2005 年第 1 期。

③　刘旭友、何炼成:《论资产替代化解流动性过剩》,《改革与战略》2007 第 7 期。

④　张勇:《资产替代、金融市场交易和货币流通速度的稳定性》,《中央财经大学学报》2007 年第 1 期。

⑤　肖殿荒:《利率变化的消费效应与资产替代效应》,《经济科学》2001 年第 5 期。

⑥　邱崇明、张亦春、牟敦国:《资产替代与货币政策》,《金融研究》2005 年第 1 期。

一种同质消费品,代表性家庭追求家庭长期预期效用最大化,效用函数为可加可分类型,并且是严格单调的,经济个体在其年轻时为获得效用需要持有货币并进行相应的投资,假设投资对象为房地产和股票。其效用最大化问题为:

$$MaxW=u(c_1)+\beta_u(c_2)+L(m,h,s)$$

其中 c_1 表示经济个体年轻时的消费,c_2 表示年老时的消费,β 是折现系数,m 表示每个年轻人的货币持有量,h 为房地产投资的数额,s 为股票的投资数额。只有年轻人才工作,工资为 w,他们将收入的一部分以货币 m、资本 k、房地产 h 和股票 s 的形式储蓄起来。一旦经济个体变老,他就把年轻时储蓄的货币和资本等换成消费品,此外,只有老年人得到政府一次性总付的养老金转移支付 τ。于是第一期和第二期消费者的预算约束条件分别为:

$$c_1=w-k-m-h-s$$

$$c_2=k(1+r)+m/(1+\pi)+h(1+b_1)/(1+\pi)+s(1+b_2)/(1+\pi)+\tau$$

其中 r 为资本收益率,π 为通货膨胀率,b_1 为房地产的名义收益率(包含泡沫成分),b_2 为股票的名义收益率(包含泡沫成分)。因为效用最大化,一阶求导,最后得到资产替代率的变动条件。

从功能角度来看,公众在不同功能的货币资产之间的替代行为应该说是金融市场交易影响货币流通速度稳定性的内在机制[①]。

因此资产替代行为可以作为我们分析金融市场与非金融市场之间联系的重要基础。

---

① 张勇:《资产替代、金融市场交易和货币流通速度的稳定性》,《中央财经大学学报》2007 年第 1 期。

第二节　资产价格波动影响通货膨胀的
传导机制

资产价格影响通货膨胀,主要是通过改变社会总需求,对通货膨胀造成潜在压力。

一、消费渠道:财富效应

财富效应,最早是由 G.哈伯勒[①]在 1941 年提出,是指由于物价和利率水平的下降而造成的总支出增加。佛朗哥·莫迪格亚尼(Franco Modigliani,1971)[②]利用生命周期模型的研究中,得出如下结论:决定消费支出的是由消费者毕生的资产决定的。消费者毕生资产的一个重要组成部分是金融财富,而金融财富的一个主要部分是普通股。扩张性货币政策可导致股票价格上升,持有者的金融财富价值上升,消费随之增加。根据《新帕尔格雷夫经济学大辞词典》的解释,财富效应是指:"货币余额的变化,假如其他条件相同,将会在总消费开支方面引起变动,这样的财富效应常被称作庇古效应或实际余额效应。"[③]后来财富效应(Wealth Effect)通常是指资产价格上涨将导致消费者觉得自己比以前富有,从而会导致其扩大消费支出的效应。财富效应是学者讨论资产价格的波动对宏观经济影响最多的渠道之一。资产价格上涨引起消费支出

---

① 哈伯勒著、朱应庚等译:《繁荣与萧条》,商务印书馆 1988 年版。

② Franco Modigliani,"Consumer Spending and Monetary Policy:The. Linkages." *Federal Reserve Bank of Boston Conference Series 5*,1971.

③ 伊特韦尔等:《新帕尔格雷夫:经济学大辞典(第 1 卷)》,北京经济科学出版社 1992 年版。

增加,那么我们称为正的财富效应;而如果资产价格上涨引起消费支出的减少,那么我们称为负的财富效应,或者称资产价格上涨对消费的挤出效应或替代效应。

克鲁格曼用跨期分析的方法描述了消费需求与物价水平的关系。经济主体在消费与储蓄之间的选择实际上就是在当期消费与未来消费之间的抉择。如果持久性收入没有重大变化,如何选择消费与储蓄取决于当期物价水平和按市场利率贴现后的预期物价水平之间的对比,如预期物价水平的现值高于当期物价,则理性的经济主体就会减少当前的消费支出,而尽可能地多储蓄以满足未来的消费需要,减少消费的行为会迫使当期物价水平下降,使经济恢复跨期均衡。

Burkhard Heer 和 Bernd Sussmuth 在《通货膨胀对财富分配的影响》一文中,讨论了通货膨胀可能影响收入、收益或财富分配的几个途径[1]。这些渠道包括不同收入群体的工资差别指数,不均衡分配的补贴贷款,所得等级攀升效应[2],税收和政府收益的奥利维拉—坦茨效应等[3]。他们的研究旨在衡量两种不同的渠道对资本市场和投资组合在金钱和公平性方面的财富效应。即使通货膨胀预期改变,这两个渠道也发挥作用。首先,在模型中将家庭投资在货币和计息资产的决定认为是内生的。假定是,在通货膨胀

---

① Burkhard Heer, Bernd Sussmuth,"Effects of inflation on wealth distribution: Do stock market participation fees and capital income taxation matter?", *Journal of Economic Dynamics and Control*, Elsevier, January 2007, vol. 31(1), pp. 277 - 303.

② 如果发生通货膨胀时,价格和所得提高,而美元价值保持不变,纳税人的所得就会被划入较高的税收等级,即使实际所得没有增加,其有效税率也会提高,这种有效税率的提高被称为"所得等级攀升"(bracket creep)。

③ 由于征税中存在显著的时滞,所以存在以下恶性循环:货币化赤字增加,实际税收减少。

高的时期,住户可重新分配他们的财富。许多年轻的和较穷的美国家庭,特别是没有持有股票的尤其明显。结果,财富聚集会随着通货膨胀的升高而加强。其次,介绍了"费尔德斯坦渠道"(Feldstein channel),产生于通货膨胀扭曲名义税率制度的过剩。正如 Feldstein(1982)指出,宽松的货币政策能够增加实际资本所得税负担。作为一个推论,高通货膨胀率降低了储蓄回报率。通货膨胀在财富分配方面的影响就取决于收入储蓄率的分配[①]。

(一)股票市场的财富效应

1.股市财富效应的相关研究

在发达国家,政府还会关注股票市场的财富效应对私人消费支出的影响。因为股票市场的繁荣会增加人们的消费支出,而股票市场的衰落会使经济增长减缓,或者会加速衰落[②]。Starr-McCluer进行家庭问卷调查,总体来说,大部分被调查者认为股票价格对消费支出没有明显影响;而收入较高的被调查者多数回答"股市上涨会消费更多"。股市的财富效应还是比较温和[③]。Davis 和 Palumbo[④]、Gale 和 Sabelhaus[⑤]、Kiley[⑥] 对美国的研究表明,股

①　M. Feldstein,"Inflation and stock market",*American Economic Review*,1980,p.70.

②　J. M. Poterba, "Stock market wealth and consumption",*The Journal of Economic Perspectives*,2000,14(2), Spring, pp. 99-118.

③　Starr-McCluer, Martha, "Stock Market Wealth and Consumer Spending", Washington: Board of Governors of the Federal Reserve System, FEDS Paper, No. 98, 1998:20.

④　S. J. Davis and J. Haltiwanger, "Sectoral job creation and destruction responses to oil price changes", *Journal of Monetary Economics*,2001, 48,pp. 465-512.

⑤　W. Gale, and J. Sabelhaus, In: *Perspectives on the Household Savings Rate*, Brookings Institution, Washington, D. C., pp. 181-224. 1999.

⑥　M. Kiley, "Identifying the Effect of Stock Market Wealth on Consumption: Pitfalls and New Evidence", Federal Reserve Board of Governors, 2000.

市中财富每增加 1 美元,居民就将增加 4—7 美分的额外支出。这种效应一般只会短期存在,比如 1—3 年[①]。Tan 和 Voss 利用澳大利亚的股市和房地产市场数据检验了股票市场和房地产市场的财富效应,发现股票市场财富效应显著但房地产市场(住房市场)财富效应不显著[②]。

在对其他工业国的研究中,有学者发现股市财富效应并不是都明显存在,尤其在日本和欧洲一些国家[③]。Norbert Funke 对新兴国家的股票市场是否存在财富效应进行了实证研究,他用了 16 个新兴市场的面板数据,发现财富效应确实存在,但是并没有发达国家那么明显,在三年的时期内,股票价格下跌(上涨)10%,平均来说,将引起私人消费支出减少(或增加)0.2%—0.4%[④]。

在我国,从 2000 年后很多学者开始逐渐关注中国市场的财富效应,一般认为证券市场的财富效应要比房地产市场的财富效应小。

唐建伟的研究表明 1996—2002 年我国股票市场的财富效应要比 1990—2002 年间的财富效应大得多,为 0.0053920[⑤]。1996年以来我国股票市场价格的上涨对消费有一定的促进作用,所以

① M. Starr-McCluer, "Stock Market Wealth and Consumer Spending", *Board of Governors of the Federal Reserve System* (*Working Paper 98/20*),1998.

② TAN A. , G VOSS. ,"Consump tion and wealth in Australia", *The Economic Record*, 2003, 244,79:39256.

③ L. Boone, C. Giorno, and P. Richardson, "Stock Market Fluctuations and Consumption Behavior: Some Recent Evidenc", *OECD Economics Department Working Papers*, No. 308,1998.

④ Norbert Funke, "Is there a stock market wealth effect in emerging markets?", *Economics Letters*,2004,83,3:417–421.

⑤ 唐建伟:《资产价格波动与宏观经济稳定》,复旦大学博士论文,2004 年。

我国股票市场的财富效应是存在的,并且随着时间的推移变得越来越显著。

也有学者认为我国股市不存在所谓的财富效应。魏永芬、王志强协整检验估计结果显示,股票价格水平上涨一倍对消费的影响最多也不会超过 3%[①]。然而由于股指滞后,2月、3月和 4月的估计系数均为正,其余三个估计系数均为负,而且负数之和的绝对值大于正数之和,尽管它们之间有时滞的差异问题,但是至少可以说明在一个中期(如 6 个月)内股票价格水平对消费支出没有财富效应,有的只是替代效应。魏锋从实证研究及结果分析得出,无论从长期还是短期来看,流通股市值都是影响消费的最主要因素,而且流通股市值与消费支出均呈明显的负相关性,即股票市场的财富效应是收缩的财富效应[②]。

梁宇峰和冯玉明[③]、李振明[④]、李学锋和徐晖[⑤]、骆祚炎和刘朝晖[⑥]等都认为中国股市的财富效应非常微弱。

余元全[⑦]采用 1997—2006 年间的数据,样本涵盖我国股市发

---

① 魏永芬、王志强:《我国货币政策资产价格传导的实证研究》,《财经问题研究》2002 年第 5 期。

② 魏锋:《中国股票市场和房地产市场的财富效应》,《重庆大学学报(自然科学版)》2007 年第 2 期。

③ 梁宇峰、冯玉明:《股票市场财富效应实证研究》,《证券市场导报》2000 年第 6 期。

④ 李振明:《中国股市财富效应的实证分析》,《经济科学》2001 年第 3 期。

⑤ 李学锋、徐晖:《中国股票市场财富效应微弱研究》,《南开经济研究》2003 年第 3 期。

⑥ 骆祚炎、刘朝晖:《资产结构、收入结构与股市财富效应》,《财经科学》2004 年第 4 期。

⑦ 余元全:《股价和房价影响我国消费的比较分析》,《改革与战略》2008 年第 9 期。

展的"牛市"和"熊市"阶段,通过实证研究股价影响我国消费的效应,发现决定消费的主要变量仍然是收入,这符合传统的消费理论;资产价格对消费的影响较小,其中股价对消费的影响是负的系数,股价对消费的负向影响意味着股价并不存在通常意义上的财富效应或财富效应很弱,并且存在股价上涨对消费的替代效应或挤出效应。

2. 股市财富效应机理

正如前文所述,股票市场的财富效应主要来源于股票价格波动导致的持有者财富变化。股票价格上涨(或下降),导致股票持有者财富增加(或减少),从而促进(或抑制)消费增长,影响短期边际消费倾向(MPC)。

消费支出　　纽约证券交易所指数　　标准普尔 500 指数

图 3 - 2　美国消费支出与股价变动

注:美国消费支出与 NYSE 以及 SP500 指数数据均来自 CEIC 数据库,图片由作者用 EXCEL 表格制作。

图 3-2 是从 1976 年 9 月到 2009 年 2 月的美国消费支出与纽约证券交易所指数以及标准普尔 500 指数之间的变动趋势图，取各指标对数，反映变动率，从长时间来看，美国的消费支出和股票指数呈相同增长趋势。在 2007 年左右股票指数下跌，消费支出增长趋于更加平缓。

与美国情况不同的是，我国股市发展还不够成熟，且由于有些股票长期不分红或分红极少，股民的收益大部分来源于资本利得，导致我国的股票市场投机性很重，造成了股民"追涨杀跌"的心态。股市上涨后，一些股民并不会因为财富的增加而增加消费，反而由于理性或者非理性的股价持续增长的预期，可能会投入更多的资金购买股票以博取资本利得。我国股市在上扬阶段成交量会放大就是一个极好的例证[①]。因此，股价上涨反而可能导致居民消费资金不足，这可能减弱甚至抵消股市财富效应。

3. 实证中国股市的财富效应

下面我们对中国股市是否存在财富效应进行实证检验。我们将变量进行对数变换，对变量进行变换的原因实际上源自对模型的变换，变换的目的是为了能够使用传统的估计方法估计出模型的参数，使模型变换成最简单的线性方程式，在此基础上我们所进行的分析不会改变变量的经济含义，在本文中我们很多计量回归都将采用这样的方式，原因在下文中不再赘述。股票财富指标我们选取股票收益率，股价指数，以及市盈率 pe。消费支出数据选

———————

① 段进等:《我国股市财富效应对消费影响的协整分析》,《消费经济》2005 年第 2 期。

用人均消费支出额,累计数据经计算转化为当季数据,所有变量均对数处理。数据来源于中国人民银行从 2002 年 1 季度到 2008 年 2 季度的数据。

在进行计量分析前,为了对数据的时间序列进行平稳性检验,我们先对几个变量作单位根检验(表 3-1)。

表 3-1   市盈率、股票指数、股票收益率以及消费支出的单位根检验

变　　量	ADFd	临界值
消费支出	-9.661490	(1%) -3.769597
		(5%) -3.004861
市盈率	-4.024601	(1%) -3.752946
		(5%) -2.998064
股票指数	-2.558360	(1%) -3.788030
		(5%) -3.012363
股票收益率	-6.438332	(1%) -3.752946
		(5%) -2.998064

注:我国市盈率、股票指数、股票收益的原始数据均来自人民银行网站数据库,消费支出数据来源国家统计局。此表变量均进行了对数处理。

从上表可以看出,在一阶差分后,四个变量序列都呈现平稳。在变量序列平稳的基础上我们对其残差序列进行一阶差分的单位根检验(表 3-2)。

表 3 - 2　股价财富效应的残差序列单位根检验结果

变量	ADF	临界值
残差	-8.563767	(1%)
		-3.788030
		(5%)
		-3.012363

可以由上表得到,股价的残差序列是平稳序列,然后进行协整检验,检验结果如下:

表 3 - 3　股价财富效应的协整检验结果

Hypothesized No. of CE(s)	Eigenvalue	Trace Statistic	0.05 Critical Value	Prob.
None	0.862622	91.61792	55.24578	0.0000
At most 1	0.636323	43.97754	35.01090	0.0043
At most 2	0.500924	19.70183	18.39771	0.0327
At most 3	0.118309	3.021922	3.841466	0.0821

根据标准化系数结果,我们可以得到如下协整公式:

$$\text{Vecm} = \text{LCONSUMER} - 0.028655\ \text{LPE} + 0.990276\ \text{LSHAREGAIN}$$
$$- 0.034817\ \text{LSHARE} \qquad\qquad (式 3 - 1)$$
$$(0.04157) \qquad\qquad (0.07879) \quad (0.01570)$$

从协整方程来看,各变量之间的系数显著不为零,说明这四个变量之间存在长期均衡关系。协整结果表明:人均消费支出与市盈率的变动以及股指变动成正向协整关系,而与股票收益率变动呈负向协整关系。具体说来,市盈率每变动 1%,人均消费支出将上涨 0.029%,股指每上涨 1%,人均消费支出将上涨 0.035%,而股票收益率每上涨 1%,人均消费支出将减少 0.99%。

正如我们的预想,实证结果说明,我国股市存在"通货膨胀幻觉"现象,即股价可能被"通货膨胀幻觉"所扭曲,投资者用名义利率对公司盈利进行贴现而错误定价,当通货膨胀较高时,股价下跌,股票实际收益率上升;通货膨胀较低或通货紧缩时,股价上涨,实际收益率下降。因此实际收益与通货膨胀呈现负相关。长期来说,通货膨胀向预期水平收敛,股票投资能够成为通货膨胀的保值品。投资者往往不是拿实际股票收益率去衡量财富多少,而是用市盈率或者股指去衡量,这些因素都没有除去通货膨胀的影响。

(二)房地产市场的财富效应

1.房价财富效应的相关研究

现在很多学者普遍认为财富的明显变动和当期消费或者滞后消费有关,一些实证研究表明房产价格的上涨将导致消费需求的增加。Case 的实证研究表明,长期来看,房屋价格的增加引起的财富效应很大[①]。即使财富的边际消费倾向很小,资产市场繁荣期间的财富积累仍然对消费支出有很重要的作用[②]。

房产既是消费品也是资产,对于拥有住房的人来说,如果没有任何房屋贷款而不准备出售,那么房价的上涨或下跌对他们的消费来说影响不会很明显。房价如果翻倍,意味着房主财富增加一倍,但是他的住房消费成本也同样增加一倍,他也许觉得变得富有了,但是因为他仍然要住在这房子里,因此并不会马上带来财富从

---

① K. E. Case, J. M. Quigley, R. J. Shiller, "Comparing wealth effects: the stock market versus the housing market", *National Bureau of Economic Research*, *Working Paper* 8606, Cambridge, MA., 2002.

② M. Lettau and S. C. Ludvigson, "Understanding trend and cycle in asset values: reevaluating the wealth effect on consumption", *American Economic Review*, 2004, 94:276-298.

而增加消费支出[①]。

Robert 和 Sau Kim Lum 对新加坡的住房市场进行了财富效应的检验。以往的研究都注重私人住房财富的变化对消费有什么影响,而新加坡的房产市场是以公共住房系统为主,公共住房拥有者可以市场价格出售房屋,之后又可以政府补助价格买入新的公寓。在对 1990 年第一季度至 2002 年第四季度的数据分析中,他们发现私人住房价格的变化对消费支出没有明显的影响,而相反,公共住房价格的变化对消费却存在正的财富效应[②]。

2. 房价财富效应机理

一般来说,住房价格上涨,房主财富将增多,但是同时将导致买房人住房支出或成本增加,从而可能限制其消费。如果一个国家或地区的房地产市场达到了均衡,市场出清的条件应该是净财富效应为零。

我们将房屋所有人按房屋的用途分为两大类:自住人和投资人;将房屋所有人按有无房屋贷款分为:贷款者和无贷款者。我们假设没有房屋的居民都租赁房屋来自住,成为租赁人。下面我们就来分别分析一下不同人群在房产价格波动时的不同消费行为。

(1) 自住人—无贷款

对于房屋用来自住而又没有贷款的房主来说,房屋价格的上涨可能会带来财富的增多,但是如果只有一套房屋,而又不准备搬迁的话,房价的波动对其消费支出是没有影响的。但是房主如果

---

① J. Poterba, "Stock market wealth and consumption", *Journal of Economic Perspectives*, 2000, 14, 2:99 – 118.

② H. E. Robert and Sau Kim Lum, "House prices, wealth effects, and the Singapore macroeconomy", *Journal of Housing Economics*, 2004, 13, 4:342 – 367.

准备搬迁至较低价房屋,那么将获得自有住房增值带来的好处,从而增加净财富,可能会扩大消费支出。

(2)自住人、投资人—有贷款

假设居民贷款购买了一套价值 100 万的房子,首付 20%,贷款 80 万,房价上涨,意味着拥有的财富增加;而如果房价下跌 10%,100 万的房子现在只能出售 90 万,那么房屋所有人还会继续还贷,因为他如果出售房屋,偿还贷款,还能剩余 10 万元;但是如果房价下跌 30%,也就是只能出售 70 万,无论是自住人还是投资者,继续还贷将扩大其损失,那么按照理性经济人的假定,他将会停止还贷。因为即使出售房屋,也只能卖 70 万,他却要按照 80 万的贷款来供房。所以 20% 的房价跌幅是这个居民的承受极限,超过 20%,他就会停止还贷。因为首付是沉没成本,而贷款可以自由选择是否偿还。因此,居民的损失仅仅限于首付,而下跌幅度的承受极限也就是首付的比例。房屋首付比例过低,在房价下跌的时候,房主抗跌的承受力也越低。

现在我们可以来解释为什么房价的下跌会引发 2007 年底开始的美国次贷危机。

美国的房地产业规模超过 2 万亿美元,占美国家庭净资产的 1/3 以上,是美国经济的一个支柱力量。从 2001 年开始,由于"9.11"事件的爆发,引发美国民众对未来经济的恐慌,从而导致经济陷入低迷。为了刺激经济增长,美联储采取了连续降息的手段,并且将房产作为拉动经济增长的重要产业。为了促进房地产市场的繁荣,银行不仅大幅降低房屋首付比例,甚至还曾出现过零首付,而且还推出了大量的住房金融创新产品。人们也都希望通过投资房地产来实现资产增值。一些金融机构受自身利益驱使,放松了提供贷款的条件,甚至降低"门槛",推出"零首付"、"浮动利率"等贷款方式,引诱原本无法承担购房支出的低收入者购房。美国平均房价在 2003 年至 2006 年四年间涨幅超过 50％。但是从 2004 年开始,美国为了抑制流动性过剩,进入加息周期,连续 17 次加息,提高贷款利率,使得炒房者成本一路抬高。与此同时,经济增长的放缓也影响了房地产市场。需求助推房价进一步上涨,而泡沫积累到一定程度,总要破灭。从 2006 年下半年开始,美国房价开始大跌。房地产市场衰退、销售量下降,又影响到炒房者未来的收益,房产价值因此不断"缩水"。

因为房价下跌,使得出售房屋还不足以抵还贷款,有房屋贷款人开始拒绝支付贷款,当这成为一个越来越多的现象时,美国的银行纷纷受到波及,不良贷款急剧增加,并进而波及其他金融投资者包括购买了住房次级贷款的投资者。从而引发投资者损失、机构破产。这就是次贷危机的导火索。

理性违约理论认为,住房贷款相当于银行持有的一个由一份价值为贷款面值 F 的无风险债券多头与一份执行价格为 F、价值为 V(住房价值)的看跌期权的空头构成的投资组合。购房者可以被视为看跌期权的持有人,当住房的价值高于购房者的债务,购房者就会放弃行使其持有的看跌期权,按合约偿还债务。反之,当住房的价值低于购房者的债务,购房者就应该执行其持有的看跌期权,进行贷款违约。因此,当房奴无法承担债务支付压力时,选择违约不失是一个理性选择。①

用贷款购买房屋的居民,由于每个月都要提取一部分收入来

---

① 施继元等:《房奴现象的成因与对策研究》,《江西社会科学》2007 年第 5 期。

还贷款,减少其用于消费的支出,从而会影响其消费支出。当利率上涨,还贷数额增多,会进一步压缩其消费。

(3) 投资人—无贷款

这里的投资是指购买房屋用来投资的个人。和无贷款的自住人不同的是,无贷款的投资人对房价很敏感。一旦房价有持续下跌的趋势,投资人会选择马上售出。而如果出售房价高于购买时的价格,那么投资人的收入会增加,从而增加可消费的资金。但如果预期房价还会上涨,那么投资人为了追逐更多的收益,可能会将用于消费的资金投入到房产市场,购买不动产,等待升值而赚取收益。在这种情况下,房价的上涨也未必会导致消费支出的增多。

(4) 租赁人

租赁人是指没有房屋而租赁房屋自住的人。一般租赁者比较看重房屋的租赁价格也就是租金的变化,而不是房屋价格的变化。

如果租金上涨,将减少租赁人用于消费的资金,从而限制其消费支出。相应地,租金下跌,将导致租赁人用于消费的资金增多,从而可能增加其消费支出。但是也有可能会增加储蓄。

这里我们不能忽视的是居民的消费习惯。中国向来具有勤俭节约的传统美德,一旦有结余资金就喜欢储蓄,造成中国长久以来高储蓄率。因此,在中国,财富增多,未必就会增加其消费,有可能会增加储蓄。

理论上分析,我国的房地产市场是在信贷大规模扩张的刺激下提高了人们的购买能力,并且支持了房地产开发企业的投资,从而居民的潜在需要转成了有效需求,导致民众购买力提前透支,房价从 2001 年开始全国性的稳步上涨,到 2006 年开始的急剧上涨,再到 2008 年下半年的调整价格,总体来看,我国的房价是和实体经济的繁荣与衰退联系在一起的。房价的上涨,使人们将收入更多部分用于购房支出,高度负债迫使家庭用大量的资金养房,必然导致消费者减少其他消费的支出,产生"挤出效应",不利于居民消费的长期增长,导致内需不足。同时,房价的持续上升,可能导致对于未来房价的高预期,促使一些潜在购房者为了尽早购房,增加储蓄,减少当期消费,以应对未来继续上升的房价,这就进一步挤出其他消费支出,这是房价上涨对消费的替代效应,是和我们常规研究的房价上涨会造成财富增多而扩大消费的结果相反的。最后房价上涨到底是会造成消费的增加还是减少,就取决于财富效应和替代效应(负的财富效应)孰大孰小。

3. 实证中国房价的财富效应

我们选取 2002 年 1 季度—2008 年 2 季度的人均消费支出额,由于一般统计局公布的数据是累计数据,因此要得到当季的人均消费支出额,需要用"当季人均累计支出额"减去"上季人均累计支出额"。在选择房地产价格数据方面,我们选取房地产平均销售价格环比指数(计算方法及数据见第四章)。为了简化计量分析方程式,我们将变量分别取对数,得到:

表 3-4　2002—2008 年房价与消费支出的对数数据

	消费支出	房价环比指数
2002Q1	7.348845	4.683858
2002Q2	7.251983	4.560651
2002Q3	7.378134	4.620018
2002Q4	7.288928	4.603931
2003Q1	7.420040	4.680481
2003Q2	7.273370	4.579288
2003Q3	7.457898	4.598320
2003Q4	7.418721	4.606070

续表

2004Q1	7.516923	4.682006
2004Q2	7.405678	4.626302
2004Q3	7.543591	4.628898
2004Q4	7.500695	4.602906
2005Q1	7.610902	4.720134
2005Q2	7.520343	4.566409
2005Q3	7.642428	4.668112
2005Q4	7.597296	4.645866
2006Q1	7.715926	4.661049
2006Q2	7.592769	4.596018
2006Q3	7.719929	4.610650
2006Q4	7.703730	4.600216
2007Q1	7.870930	4.770888
2007Q2	7.700748	4.540660
2007Q3	7.849753	4.628026
2007Q4	7.864189	4.618375
2008Q1	7.966344	4.643500
2008Q2	7.866339	4.572646

注:我国房价与消费支出累计数据来源于国家统计局,用同年当季累计数据
减去上季度累计数据得到当季数据。

　　从该表我们可以知道,两个变量在一阶差分后均通过了单位
根检验。在此基础之上,我们进一步对变量的残差序列进行一阶
差分后的单位根检验,结果如下:

表 3-5　当季消费支出和房价环比指数的单位根检验

变量	ADFd	临界值
人均消费支出	-9.661490	（1%） -3.769597 （5%） -3.004861

续表

		(1%)
房价环比指数	−8.011552	−3.769597
		(5%)
		−3.004861

从该表我们可以知道,两个变量在一阶差分后均通过了单位根检验。因此,对他们的残差序列进行一阶差分后的单位根检验,结果如下:

表 3 - 6　房价财富效应的残差序列单位根检验结果

变量	ADF	临界值
残差	−3.603134	(1%)
		−3.920350
		(5%)
		−3.065585

残差序列在 5% 的显著性水平上是平稳的序列,因此可以判断,房价与消费支出存在协整关系。下面我们对两者进行协整检验,检验结果如下:

表 3 - 7　房价财富效应的协整检验结果

Hypothesized No. of CE(s)	Eigenvalue	Trace Statistic	0.05 Critical Value	Prob.
None	0.724192	47.30089	20.26184	0.0000
At most 1	0.494809	16.38767	9.164546	0.0019

根据标准化系数结果,我们得到如下协整公式:

Vecm= LCONSUMEER−24.24015LHOUSEHUAN+105.1900

(式 3 - 2)

　　　　(0.03999)　　　　　(18.5189)

　　从协整结果可以看出,房价环比指数与人均消费支出之间存在正向协整关系。房价环比指数每上涨 1%,将导致人均消费支出增加 24.24%。

　　可以判断,我国的财富效应主要表现在房产价格,股价的财富效应相对比较弱。这可能是因为我国的房产市场从 1998 年以来基本呈现稳步上涨的态势,而且房产市场变得越来越活跃,人们通过出售和购买房屋实现了财富的增加,从而加大了消费支出。而股票市场的财富效应相对较弱,是因为人们一般不会急于套现,在股价上涨的时候,人们的资金会重新投入股市寻求更大的回报,而且股价的波动相对频繁,因此当其容易下跌的时候,财富也容易缩水,从而限制了消费支出的增加。

专栏 3－2　房价上涨对中国收入分配结构的影响

　　2001 年以来,中国房地产市场逐步升温,持续上涨的房价给国人的生活带来了方方面面的变化,影响到了国民经济的各个层面。高涨的房价不仅推动着国民收入总量的提升,同时也对中国收入分配结构产生了重要的影响。自从推行市场经济以来,中国收入分配结构产生了巨大的变化。近几年来,伴随着逐步走高的房地产价格,中国的国民收入分配结构呈现出了两大趋势:

　　首先,居民可支配收入占国民收入的比例持续下降,国民收入在初次分配过程中向企业和政府倾斜的势头明显[①]。这是近几年我国 GDP 保持 10% 左右的高速增长,而普通居民感觉生活水平提高不大的关键原因之一。同时,这也是我国居民消费率持

---

　　① 徐平生:《居民实际可支配收入占 GDP 比重何以出现持续下降》,《上海证券报》,2006 年 8 月 14 日。

续下跌、投资率稳步攀升,导致国家拉动内需的方针政策一直无法产生显著效果的重要影响因素。究竟是应该"藏富于民"还是"藏富于国"的问题,一直是专家学者关注和争论的焦点。

其次,居民收入差距不断扩大,基尼系数持续上升的现象还在继续。这也同样是学界和社会瞩目的问题。虽然收入差距的扩大是市场化经济改革的必然产物,是必须客观看待的社会现象,但是收入分配差距扩大当中不合理的部分也必须得到重视,采取有效的措施去限制、杜绝。社会财富在普通居民当中的合理分配也是维系社会稳定,经济发展的关键点之一。

其实这两种现象的背后都离不开房价上涨的作用。高涨的房价拉动了土地出让金的节节攀升。近年来,各地关于"地王"的报道层出不穷,土地出让金的纪录不断被刷新。同时,土地出让金作为房价的一部分,直接增加了建房成本,进一步推高了房价。不少的地方政府通过在土地和房价上"做文章",为当地经济贡献了巨额的 GDP,也将其作为当地财政收入增加的动力之源①。地方政府和开发商成为房地产价格上涨的最大受益者。

房屋作为一种特殊的商品,它的货币支出既是消费支出又是财富积累。这一和其他消费商品不同的特征与房价上涨集合起来,就形成了一个拉动财富分布差异的放大器②。个人对于房地产的投资在高涨的房价推动下,成为了一种新型的财富积累方式。然而购房成本随着房地产价格不断升高,使得财富向富裕的阶层集中。高房价成为一道很多普通人都难以企及的门槛,

---

① 志灵:《警惕高房价背后的国民收入分配"剪刀差"》,《中国青年报》,2010。
② 王天夫:《房价上涨,财富积累与社会分化》,《社会学家茶座》2008 年总第 26 辑。

促使贫富差距不断扩大,社会分化进一步加剧。

房价上涨对于中国收入分配结构产生的影响必须予以正视,并应及早采取有效的措施防止并抑制其中的负面效应,引导我国收入分配结构进一步合理化,维持宏观经济和社会环境的稳定。

二、投资渠道:托宾 q 效应

投资渠道是资产价格影响通货膨胀乃至宏观经济的重要渠道。资产价格主要通过托宾 q 效应对投资产生影响。

James Tobin(1969)[①]从存量资产价格变化对投资行为的影响这一角度提出了一个直观的投资理论。该理论认为,如果资本是完全耐用的,即资本折旧率为零,企业的投资水平取决于存量资本的市场价值(market value)与其重置成本(replacement value)的比例,这一比例用 q 来表示。当 q 大于 1 时,企业存量资本价值高于其重置成本,资本市场对企业任何新增投资的评价都将超出其成本付出,企业发行一定数量的股票可以购买更多的资本品,这无疑将刺激企业的投资行为;当 q 小于 1 时,企业的市场价值缩水,相对于资本成本,企业的任何新增投资都将在资本市场上被较低地评价,出售资本品以保持其原有价值将是合理的选择。

q 值代表了股票(表现了实物资产的边际效率)与"货币—债券"(表现了金融资产的收益率)之间的交换比率。企业的市场价值发现和价值确定不仅是企业投资决策的依据,而且还是企业优化资本配置和优化产权或所有权结构配置的依据。股票价格的

---

① J. Tobin, "A General equilibrium approach to monetary theory", *Journal of Money*, *Credit and Banking*, 1969, 11:15-29.

高低成为了左右企业进行套利投资的关键因素,也决定着企业能否利用资本市场达到资本升值,迅速扩大规模的目的。同时,资本市场在企业资本配置与产权或所有权中动态转换中也必然将达到均衡。资本市场在托宾 q 值等于 1 时达到无套利均衡,企业股票价格反映了资本的真实价值,企业在重置资本与并购企业之间的选择没有差异。托宾 q 值也必将围绕资本市场的均衡点上下波动①。高 q 值意味着高产业投资回报率,企业有着强烈进入资本市场变现套利的动机。当 q 值较大时,企业会选择减持后将金融资本转换为产业资本;q 值较小时,企业会将产业资本转换成金融资本,即继续持有股票或选择增持股票。如果托宾 q 小于 1,说明重置成本很高,因此很多企业会采用兼并、收购等商业行为来实现业务扩张。

企业股东的收益表现为两个方面,一是股票红利,一是股票本身价格上升。但无论哪一种收入,都表现为名义收入。名义收入的实际价值取决于价格水平或通胀水平的高低。股票市场渠道的机理在于:货币当局通过改变货币政策变量(如货币供应量),影响经济社会的一般物价水平(通胀水平),居民拥有的股票的收益和资本金(表现为名义收入)将会受到一般物价水平的影响,股票的价格便会产生波动,这样股票持有人就会随着通胀的变化改变其对股票回收率的要求,公司为满足股东的要求就会相应调整生产,最终使总产量上升②。

---

① 马冀勋:《托宾的 q 投资理论与资本市场均衡机制》,《中央财经大学学报》,2008 年第 10 期:72-77。

② 任啸、彭卫民:《货币政策的股票市场传导渠道》,《大连理工大学学报》,2001年第 1 期:33-36。

托宾 q 理论从资产结构调整角度为资产价格向货币政策的传导过程提供了新的思路。比如当中央银行实行扩张性货币政策时,货币供应量增加导致利率下降,股票与债券的相对收益上升,公众会进行相应的资产结构调整,需求增多促使股价上升,q 值带动企业的投资增加,从而刺激社会总需求增多,而形成通货膨胀压力,具体的传导机制是:货币供应量↑→利率↓→股票需求↑→股票价格↑→q 值↑→投资↑→通货膨胀↑。

丁守海利用我国 1994—2005 年的季度数据,以结构向量自回归模型为基础,分析了托宾 q 对投资的影响。在构建脉冲响应函数时,为分离纯冲击信号,对模型参数施加了更现实的、不同于 Cholesky 分解的结构性约束条件,使复合冲击得以正交分解。结果表明,我国投资对托宾 q 值的冲击存在明显的逆向反应。进一步的协整分析和格兰杰检验也表明,在长期的均衡关系中,托宾 q 会对投资造成较大的负面影响。这说明在我国的投资领域,不仅"托宾 q 说"不成立,反而存在明显的"反托宾 q"现象,投资具有非理性。进一步的分析表明,q 值在不同行业间的分布差异,与垄断行业的投资保护以及过度竞争行业的投机行为相互交织,是造成"反托宾 q"现象的主要原因[①]。

罗高升、陈卫平利用托宾 q 值实证分析非流通股解禁对股票市场估值水平的影响。通过样本数据的对比,发现在股票市场整体价格水平下,上市公司个体和整体市场的托宾 q 值均偏高。这种现象加大了市场抛售压力,并使供求关系失衡,进一步加剧了股

---

① 丁守海:《托宾 q 值影响投资了吗?——对我国投资理性的另一种检验》,《数量经济技术经济研究》,2006 年第 12 期:146—155。

票市场价格波动,使股票市场估值中枢呈下移趋势[①]。

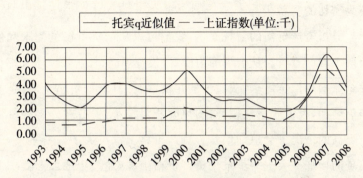

图 3 - 3　1993 年至 2008 年 A 股市场托宾 q 近似值与

上证指数变化趋势

注:该图引自:罗高升、陈卫平:《基于托宾 q 值的股市实证分析—非流通股解
禁对股票市场估值水平的影响》,《当代经济》2008 年第 10 期(上),第 151 -
153 页。

三、信贷渠道:贷款渠道和资产负债表渠道

　　资产价格的信贷渠道主要包括狭义的贷款渠道和广义的资产
负债表渠道。贷款渠道是指由于存在非对称信息以及银行的信贷
配给,当资产价格上涨时,银行会认为企业的逆向选择和道德风险
减少,从而追加贷款;而广义的资产负债表渠道则是指资产价格上
涨使得企业的资产负债表上净资产增多,从而改善借款人的负债
情况,在贷款普遍采用抵押的情况下,企业的净值和其能获得的贷
款总量紧密相关,因此资产价格上涨将导致企业的净值增加,进而
提高其信贷能力,从而获得更多的贷款,增加相应的投资或消费。

---

　　① 　罗高升、陈卫平:《基于托宾 q 值的股市实证分析——非流通股解禁对股票市
场估值水平的影响》,《当代经济》,2008 年第 10 期(上):151 - 153。

有不少学者研究表明,信贷供给比货币供给与经济行为之间有着更为密切的联系。

分析资产价格的信贷渠道,我们可以从信贷市场的需求和供给两个方面进行。从需求的角度看,投资规模、杠杆效应增大都会使企业增加信贷需求;从供给的角度看,一旦资产价格上涨,企业净值增加,投资收益比较稳定,风险相对较小,银行在外部融资成本提高的情况下会追加信贷。资产价格上涨扩大了信贷规模,而信贷的增加又会进一步推动资产价格上涨,通过金融加速器扩大了对实体经济的影响。

(一)贷款渠道

我国目前的资本配置方式仍然以银行业为基础,银行对企业投资贷款的主要形式之一是抵押贷款,股票价格的波动可以在一定程度上反映出企业的经营状况以及抵押品的价值变化,进而影响到企业的投资以及未来经济活动。

这一机制可延展至一般情况:流动性过剩条件下,投资者持有货币数量增加,投资者有更多的可能增持风险资产来获取高收益,风险资产在短期内供给数量相对固定,这将促使风险资产价格上升。

我们需要警惕的是信贷的过度支持将推高资产价格,形成虚假繁荣,"诱人的高额利润,使人们远远超出拥有的流动资金所许可的范围来进行过度的扩充活动。不过,信用可加以利用,它容易得到,而且便宜"[1]。

当房地产价格上涨时,银行因为预期房地产开发商的收益会

---

① 　马克思:《资本论》第 3 卷,人民出版社 1975 年版,第 459 页。

增加,将在政府没有紧缩货币政策的条件下增大房地产开发贷款。
另外,由于房价上涨,住房抵押贷款属于优质贷款,因此银行会扩
大个人住房类抵押贷款。由此推断,房价的上涨,将吸引银行把更
多的信贷资金投入到房地产业中来。下面我们进行实证检验,为
了验证房价上涨对房地产贷款具有的拉动作用,我们用房地产贷
款作为因变量,用房价作为自变量,为了简化计量方程式,我们对
所有变量均做对数处理。

表 3 - 8　房地产贷款与商品房销售价格

	贷款:房地产(十亿)	商品房销售价格(元/平方米)
2005Q1	2500.0	3077.86
2005Q2	2600.0	2960.84
2005Q3	2680.0	3153.19
2005Q4	2770.0	3284.16
2006Q1	3200.0	3472.90
2006Q2	3400.0	3441.26
2006Q3	3600.0	3460.17
2006Q4	3680.0	3443.07
2007Q1	4010.0	4063.65
2007Q2	4300.0	3809.78
2007Q3	4620.0	3897.86
2007Q4	4800.0	3949.67
2008Q1	5010.0	4104.00
2008Q2	5200.0	3972.67
2008Q3	5300.0	3981.33
2008Q4	5280.0	3909.63

注:数据来源于国家统计局。房地产贷款包括房地产开发贷款和住房贷款,
　经作者整理。

　　在进行单位根平稳检验后,对 LLOAN＝C(1)×LHOUSE＋
C(2)做回归分析,结果如下表。

表 3 - 9　房地产贷款与房价相关性检验结果

变量	相关系数	标准误差	t 值	概率
房地产价格	2.370712	0.226524	10.46560	0.0000
C	−11.17179	1.855382	−6.021289	0.0000

相关性估计方程式为：

LLOAN＝2.370711939×LHOUSE−11.17178884　（式 3 - 3）

这说明房价与房地产贷款有很强的相关性,房价每上涨1%,将引致房地产贷款增加2.37%。

由于序列为平稳序列,我们做变量之间的格兰杰因果分析,来验证房价与房地产贷款是否存在计量上的因果关系。

表 3 - 10　房地产贷款与房价格兰杰因果检验结果

假　设	F 值	概率
房价不是房地产贷款的格兰杰原因	4.71244	0.03979
房地产贷款不是房价的格兰杰原因	0.82034	0.47069

对于房价不是房地产贷款的原因这个假设,拒绝错误的概率为0.0398,小于0.05,因此拒绝该假设,从而得出房价是房地产贷款的格兰杰原因。反过来,房地产贷款并不是房价的格兰杰原因。可见,贷款渠道效果比较显著。

(二)资产负债表渠道

资产负债表渠道是由 Bernanke 和 Gertler 提出的[1],由于在信贷市场存在信息不对称和代理成本,为了减少道德风险,银行发放贷款需要有抵押品,或要求企业有一定的"净值"—企业拥有的

---

[1]　Ben S. Bernanke and Mark Gertler, "Agency Costs, Net Worth, and Business Fluctuations." *The American Economic Review* 79. 1989. No. 1:14 - 31.

流动性资产和可以用于抵押的资产的加总。

"净值"的多少与外部融资支付的溢价成反比,净值的下降一方面提高了借款人为外部融资所付出的溢价,另一方面提高了外部融资的需求量,从而影响企业的消费和投资。这也被称为"金融加速器",指由政策导向而引致的利率变化效应被宏观放大①。资产负债表渠道本质上反映了信息不对称条件下资产净值、信贷扩张与投资支出间的理论关系,也称为资产净值渠道。这一渠道可以概括为:资产价格↑→资产净值↑→信息成本↓→外部融资成本↓→银行贷款↑→资本↑→投资支出↑②。此渠道存在的关键在于,货币政策的变动影响企业的财务状况,从而影响银行对企业的贷款数量③。

当资产价格下跌时,一方面,企业的净资产下降、不良资产上升,企业担保能力和还贷能力均降低,外部融资成本增加使企业对借款和投资更为谨慎,甚至不惜卖出部分资本品。另一方面,贷款人也可能面临着资产紧缩所导致的流动性危机和不良资产增加的风险,而且,对借款人违约风险的担心也使贷款行为更为谨慎。这样,企业就面临更为严格的信贷约束,企业投资相应减少。在情况严重时,甚至可能导致整个经济出现信用紧缩现象,企业投资大幅减少。

---

① 李雅丽:《基于贷款渠道视角的我国货币政策区域效应探析》,《经济经纬(河南财经学院学报)》2007年第6期:23-26。

② 余元全、康庄、黄承锋:《资产净值、信贷扩张与投资支出》,《财经科学》2008年第6期:72-79。

③ 胡振华、胡绪红:《金融结构差异与货币政策的区域效应》,《财贸研究》2007年第5期:73-78。

　　这种效应源于银行的信贷配给。银行贷款额往往是企业净资产的增函数,当上市公司的股票价格上涨的时候,企业的净资产价值上升,银行对企业发放贷款可能面临的逆向选择和道德风险也相应减少,因此会加大贷款投放。于是拉动了总需求,从而对宏观经济会形成通货膨胀压力。相反,当企业股票价格下降时,银行会减少贷款,减少了总需求,从而产生通货紧缩的压力。

　　Hayek 认为货币政策过于强调价格的稳定而忽视了经济周期中的信贷过度增长和资产价格波动的影响。保持银行信贷量大致稳定的政策更能够阻止经济循环中的大幅波动,从而抑制资产价格的大起大落[①]。

　　Haberler 认为价格稳定性并不是合理管理信贷的标准,价格水平对货币政策存在一定程度的偏差[②]。政府不应该使用价格水平作为货币政策的指导,信贷膨胀对宏观经济的影响更为深远[③]。

　　在信贷扩张时期,很可能会产生过度投资与资产价格泡沫。造成这种偏离原因的因素有好几种:长期利润率的错误预期、商业银行行为(代理问题)、中央银行的扩张行为、居民储蓄率的变化以及生产率的变化。

----

　　① F. A. Hayek, *Monetary Theory and the Tmde Cycle*. N. Kaldor & H. M. Croome(Trans). Jonathan Cape. London,1933.

　　② G. Haberler,"Money and the Business Cycle", in *Q. Wright*(*Ed.*),*Gold and Monetary Stabilization*.*University of Chicago Press*,1932.

　　③ 祝晓峰等:《美国股价泡沫与货币政策——从哈耶克的货币经济周期理论出发的一个解释》,《财经理论与实践》2003 年第 5 期。

　　楚尔鸣构建了一个模型(图 3-4),生动地反映了资产负债表渠道对于货币紧缩政策的放大作用。图中横坐标表示投资 I,纵坐标 i 表示融资成本,$i=r+\theta$,其中 r 是无风险利率,θ 是适合该企业的风险调整值。外部融资成本为 R,$R=i+\Omega$,其中 Ω 是外部融资升水,它的出现是由于借贷市场上存在信息的不对称和道德风险。Ω 取决于外部融资额和无风险利率的大小。总投资中除去内部融资的一部分就是外部融资额,外部融资额越大,无风险利率越高,外部融资升水越大[1]。

　　假设初始阶段资金供给曲线 S_1 和企业的融资需求线 D 相交于 a 点,对应的融资成本为 i_1,投资为 I_1。当实行紧缩的货币政策时,无风险利率上升,曲线 S_1 上移,由于 Ω 也会随着无风险利率的上升而增加,因此 S 曲线将变得更加陡峭,最终会形成新的资金供给曲线 S_2 而不是 S_1^*,从而投资也由 I_1 递减到了 I_2 而不是 I_1^*。这就是说明了由于外部融资升水的存在,放大了紧缩性货币政策对经济影响的效果。由此推理,如果实行了宽松的货币政策,无风险利率下降,Ω 也会随着无风险利率的下降而下降。从而使资金供给曲线变得更加平滑,同样的道理,将放大投资拉动效应。由于资产负债表渠道对货币政策有放大的效应,因此也被称为"金融加速器效应"。总的说来,房地产市场存在银行的贷款渠道,当房价上涨,会造成房地产相应的贷款增加;而对于股票市场来说,则主要存在资产负债表渠道,当股票价格上涨,会改变企业的净资产价值,从而获得更强的信贷能力,企业从而可以追加投资,扩大社会

---

　　[1]　楚尔鸣:《中国货币政策传导系统有效性的实证研究》,中国经济出版社 2008年版。

总需求,对物价总水平形成上涨压力。

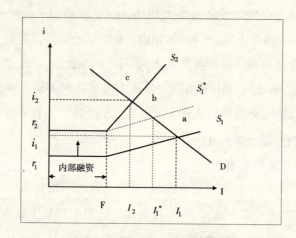

图 3 - 4   资产负债表渠道模型

注:该图引自楚尔鸣:《中国货币政策传导系统有效性的实证研究》,中国经济
    出版社 2008 年版,第 132 页。

四、汇率传导机制

汇率问题是导致资产本外币价格扭曲的重要因素。渐进持续
升值带来的问题一是形成强烈预期,并刺激长期投机性资本内流;
二是出口企业和代理商难以及时调整出口报价,导致升值成本主
要由出口方而不是进口方承担;三是渐进升值使得从中国向其他
国家的外贸订单分流有足够的时间来回旋和调整。而一次性重估
后再稳定下来的方案既可以消除预期也防止套利,更有利于外贸
报价的同步调整,其对资产价格的抑制作用也相当明显[1]。

────────────

[1]   钟伟、巴曙松、高辉清:《对当前宏观经济的一些看法—兼论资产价格膨胀下的
宏观调控》,《经济学动态》2007 年第 10 期。

　　在汇率变动的情况下,货币错配指当一个经济主体的债务以外币定值,但资产或产出的收入为本币,当本币贬值外币升值时,负债会相对资产上升,从而引起净值下降,引起流动性危机。或者当一个经济主体的债权以外币定值,但负债或支出主要为本币时,当本币升值外币贬值时,资产会相对于负债下降,引起净值下降,也会引起流动性危机。这二者都是货币错配所带来的一国经济的脆弱性[①]。

　　如果中国的资产价格呈现对内和对外估值的严重偏离,汇率信号将被传递到资产价格信号上。比如在人民币升值预期下,将可能导致资产价格膨胀。

　　我国自从 2005 年 7 月开始进行汇率制度改革,允许汇率有管理的浮动以来,本币一直在比较平稳的升值中(图 3-5)。本币升

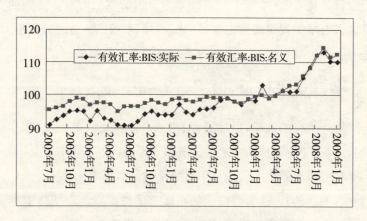

图 3-5　2005—2009 年我国有效汇率变动图

注:该图表数据来源于人民银行网站,图表为作者用 EXCEL 表制作。

――――――――――

　　① 唐伟霞、朱超:《货币错配与净值损失——来自银行部门的经验证据》,《上海金融》2007 年第 8 期。

值将导致国际资本以及热钱的流入,这些带有投机性动机的资金往往容易流向回报率高的股票市场和房地产市场。在推动资产价格上涨的同时,也形成了通货膨胀压力。谭小芬认为人民币升值将导致热钱的大量流入,从而会造成宏观经济失衡,形成资产泡沫,这不仅不利于人民币汇率稳定,而且也加大了金融体系的系统性风险[①]。从 2007 年的情况看,热钱推动了几乎所有资产价格的迅速上涨,同时也带动农产品价格上升,导致一定程度的物价上涨。

汇率变动将传递至进口商品价格的变动,还会改变国内外资金流动的情况,从而影响国内资产价格,进一步再对通货膨胀造成影响。同时,资产价格上涨,在本币升值预期的推动下,资金会大量由国外流入,寻求资产回报和本币升值的双重收益。资金的大量流入会增加我国的外汇储备,从而对汇率形成一定的升值压力,进一步影响通货膨胀。这是资产价格的汇率传导机制。

五、货币供求:溢出效应和吸收效应

资产价格的波动,以及股市、房地产市场规模的壮大,都会影响货币供求平衡,从而对通货膨胀造成影响。

(一)溢出效应—虚拟货币对货币供给的影响

在本章的开头,我们已经简单阐述了虚拟资本与实体资本的关系。实体货币是指看得见的货币,本身没有价值,代表黄金或白银执行货币的职能,或者是以法律强制的方式来执行货币的职能,这里主要指现金或存款。虚拟货币是相对于实体货币而言的,主

---

① 谭小芬:《人民币汇率改革的经济效应分析》,《经济学动态》2008 年第 7 期。

要是指电子货币①。之所以要研究虚拟货币,是因为金融资产具有虚拟资本的特性,随着金融市场规模的逐步扩大,虚拟货币对货币供给也会产生大的影响。如果没有考虑这个因素,那么投放的货币供给量将会超过实际需要的货币量,容易造成流动性过剩,多余的货币将流入能获得高额利润和回报的股票市场和房地产市场。我们将这种虚拟货币的增多扩大了货币乘数从而增加货币供给量的效应定义为"溢出效应"。那么虚拟货币或者电子货币是如何扩大货币供给的呢?

多数电子货币具有以实体货币为基础存在的"价值尺度"和"流通手段"基本职能,还有"价值保存"、"储藏手段"、"支付手段"、"世界货币"等职能。且电子货币与实体货币之间能以 1∶1 的比率相互兑换。

而作为支付手段,大多数电子货币又不能脱离现金或存款,是用电子化方法传递、转移,以清偿债权债务实现结算。因此,现阶段电子货币的职能及其影响,实质是电子货币与现金和存款之间的关系。

有效货币供给函数会发生变化的原因如下:

第一,经济货币化进程放缓,对超额货币的吸纳能力逐渐减弱。

第二,随着金融市场的发展及开放,金融机构的创新能力显著增强,商业银行的信用创造能力得到进一步的激发,资金运用效率

---

① 电子货币是以金融电子化网络为基础,以商用电子化机具和各类交易卡为媒介,以电子计算机技术和通信技术为手段,以电子数据(二进制数据)形式存储在银行的计算机系统中,并通过计算机网络系统以电子信息传递形式实现流通和支付功能的货币。

不断提高。2005 年以来,商业银行通过改制上市融入了大量资金,使得各家银行的可贷资金迅速增多,贷款突破了资本充足率的限制。

第三,现代支付系统的建设优化了金融环境,提高了银行间、银行与用户间的支付效率,资金利用率的提高降低了现金持有率,从而提高了货币流通速度。金融支付系统的完善,提高了货币流通速度,降低了现金的需求。

第四,资本市场的发展使得人们投资意识增强,投机行为增多。短期内,投机行为会引起公众的资产配置结构发生变化,使得存款日趋短期化,导致商业银行信贷资产期限错配更加严重,增强商业银行流动性管理难度,通过限制商业银行的信用扩张减少全社会的流动性。同时,股市的繁荣使得人们持有货币的成本增加,从而减少对货币交易的需求。

根据传统的货币供给理论,中央银行发行货币,银行具有创造货币的能力,狭义的货币供给量应该等于基础货币与货币乘数的乘积。已经有学者陆续关注电子货币对货币供给量的影响和冲击,认为电子货币会放大货币供给量[1]。

基础货币是指流通中的现金加商业银行的存款准备金之和。基础货币＝流通中的现金(C)＋商业银行的法定存款准备金(R)＋超额存款准备金。基础货币是社会各金融机构创造信用的基础,因为中央银行的基础货币变动制约着银行信用规模和货币供应量的增减变动,中央银行可以借创造基础货币的多少,实现货币政策

---

① 李翀:《虚拟货币的发展与货币理论和政策的重构》,《世界经济》,2003 年第 8 期。

目标。

货币乘数指中央银行投放或收回一单位基础货币,通过商业银行的存款创造机制,货币供应量增加或减少的倍数,即 $k=\Delta M/\Delta h$ 其中,k 表示货币乘数,ΔM 表示货币供应量的变化值,Δh 表示基础货币的变化值。货币乘数要受各种因素的影响,即使在短期内也是经常发生变化的。

$$货币乘数:k=\frac{1+r_c}{r_c+r_d+r_e} \qquad (式 3-4)$$

上式中的变量包括通货比率或现金比率 r_c、法定存款准备金比率 r_d 以及超额准备金比率 r_e,其中 r_c 要受收入水平的高低、用现金购买或用支票购买的商品和劳务的多少、公众对通货膨胀的预期、地下经济规模的大小、社会的支付习惯、银行业即信用工具的发达程度、社会及政治的稳定性、利率水平等因素影响。超额准备金比率 r_e 要受持有超额准备金的机会成本,即生息资产收益率的高低,借入准备金的成本,主要是中央银行再贴现率的高低,商业银行的流动性因素的影响;法定存款准备金比率 r_d 为中央银行决定。所以货币乘数是由中央银行、商业银行和其他金融机构、财政、企业以及个人共同作用的结果。

货币供应量为基础货币与货币乘数之积,货币乘数与货币供应量呈同方向正比例的变动关系。只有中央银行、商业银行和其他金融机构、财政、企业、个人等的经济行为较为稳定时,货币乘数值的变动幅度和变动趋势才能保持相对稳定。

$$原货币供给量:M=M_1=\frac{1+r_c}{r_c+r_d+r_e} \cdot (C+R) \quad (式 3-5)$$

其中,C 为流通中的现金,R 为商业银行的法定存款准备金。

在考虑了电子货币的介入后,我们假设居民或企业将传统货币转化成电子货币的比例为 s,而当电子货币完成了支付后,如果不是所有的电子货币全部参与再次流通,假设电子货币发行机构保留传统货币的比例为 t,或者说 t 是电子货币的准备金率,那么电子货币的乘数应该为 $\frac{1}{t}$。

我们可以看到加入电子货币的货币供给函数已经发生了变化。假设电子货币的货币供给量为 M_e,而货币乘数为 K_e,电子货币的基础货币为 H_e,那么总的货币供给函数为:

$$M = M_1^* + M_e \qquad\qquad (式 3-6)$$

其中:$M_1^* = K_1 H_1 = \dfrac{1+r_c}{r_c + r_d + r_e} \cdot (C+R)(1-s) \qquad (式 3-7)$

银行创造的货币乘数仍然不变,仍然是 $\dfrac{1+r_c}{r_c + r_d + r_e}$,而银行的基础货币因为一部分转换成了电子货币,因此基础货币缩小为 $(C+R)(1-s)$。

而电子货币供给量的函数如下:

$$M_e = K_e H_e = \frac{1}{r_t} \cdot (C+R)s \qquad\qquad (式 3-8)$$

新的货币供给函数的推导如下:

$$
\begin{aligned}
M &= M_1^* + M_e \\
&= K_1 H_1 + K_e H_e \\
&= \frac{1+r_c}{r_c + r_d + r_e} \cdot (C+R)(1-s) + \frac{1}{r_t} \cdot (C+R)s \\
&= \left[\frac{1+r_c}{r_c + r_d + r_e} \cdot (1-s) + \frac{1}{r_t} \cdot s \right](C+R) \\
&= \left[\frac{1+r_c}{r_c + r_d + r_e} + \frac{s}{r_t} - \frac{(1+r_c)s}{r_c + r_d + r_e} \right](C+R)
\end{aligned}
$$

$$=\left[\frac{1+r_c}{r_c+r_d+r_e}+\frac{s(r_c+r_d+r_e)-(1+r_c)st}{r_t(r_c+r_d+r_e)}\right](C+R)$$

$$=\left[\frac{1+r_c}{r_c+r_d+r_e}+\frac{s(r_c-r_ct+r_d+r_e-t)}{r_t(r_c+r_d+r_e)}\right](C+R)\ （式3-9）$$

假设中央银行的政策不改变,商业银行的法定准备金率和超额准备金率不改变,而且现金—存款比率不变,则 $\dfrac{1+r_c}{r_c+r_d+r_e}$ 不变。

因为 $0\leqslant t\leqslant1$,所以 $r_c-r_ct\geqslant0$;而且,一般来说电子货币因为不存在银行所谓的挤兑风险,而且欠缺有效监管。现在也暂时没有明确规定必须预留多少比例的电子货币。这种情况下的电子货币的准备金率趋向于0,即 $t\to0,r_c-r_ct+r_d+r_e-t\geqslant0$ 。

此时货币供应量只受到 s 的影响,随着传统货币转换成电子货币的比例 s 逐渐升高,货币供应量也将被逐渐放大。

实际上,信息社会的来临,改变了我们传统的交易方式,现金交易逐渐被电子交易所替代,很多时候不需要任何纸币,人们可以完成一笔又一笔的支付与买卖。此时如果每年增加的货币供给量还按照经济增长率加上一定的通货膨胀率来发行的话,将造成货币供给过剩,从而多余的货币容易流向资产价格和商品市场,过多的货币追逐定量的商品和资产,必然容易造成资产价格膨胀和通货膨胀率的上升。

在股票市场上,交易基本用电子货币而不是现金,因此股票市场的规模越大,人们用于投资股市的资金越多,将实体货币转化为虚拟货币的比例也越大,根据上面的分析,我们知道,实体货币转化为虚拟货币的比例越大,货币供给的扩大倍数也将增多,"溢出效应"也将越大。

(二)吸收效应—虚拟货币对货币需求的影响

货币需求函数的表述形式为：$M_d V = PY$ （式 3 - 10）

其中，等式的左边变量分别为货币需求、货币流通速度；等式右边的变量分别为物价水平、产出值。在货币流通速度不变的情况下，货币需求和产出以及物价水平成正比，但是货币流通速度在现实经济中并不是恒定不变的。虚拟经济的发展，对货币需求产生了重要的影响。

最早研究虚拟经济与货币需求问题的是 Friedman(1988)[1]。他通过研究发现，股票价格与货币流通速度呈负相关关系，并归纳出股票价格与货币需求的关系主要体现在四个效应上：①财富效应。如果股票价格波动的幅度大于国民收入的波动幅度，股票价格的上升意味着名义财富水平的提高，也意味着财富在国民收入的比例在提高。②资产组合效应。股价上涨体现了风险资产的预期收益提高，相应的资产组合的风险也在增加，人们将会通过提高其资产组合中的安全性资产的比重来抵消风险。③交易效应。一般来说，股价上涨意味着金融资产交易量的上升，因此需要追加新的货币。④替代效应。股票价格上涨使得投资者持有货币的成本提高，从而纷纷用股票形式来替代货币。伍志文等研究了中国20世纪90年代以来通货紧缩与资产价格膨胀并存的发生机制，他们通过引入一个虚拟经济部门，将传统的货币数量方程式扩展为三部门货币数量论，认为货币过度虚拟化是通缩和资产膨胀共存的主要原因[2]。

---

① Millton Friedman,"Money and the Stock Market", *The Journal of Political Economy*, vol. 96, 1988, Issue 2, pp. 221 - 245.

② 伍志文、鞠方：《通货紧缩、资产膨胀与货币政策》，《管理世界》2003 年第 11 期。

这种由于资产价格上涨而吸引资金流入资产市场而形成的对货币需求的减少,就像海绵源源不断地从货币市场吸收货币,我们称之为金融资产对货币需求的"吸收效应"。

证券市场上,无论是一级市场还是二级市场,都有可能引起货币需求的增多。我们这里重点研究资产替代效应对货币需求的影响。

Friedman 就美国和日本的股票价格与货币需求进行了分析,结果显示:股票价格对货币需求具有负向影响[①]。

学者们对我国股票市场的实证研究表明,在我国,股票市场已经成为影响货币需求的一个因素,虽然这一影响目前尚处于较为微弱的阶段。

吴卫华对 1994—2001 年的季度数据对我国的货币需求函数进行了协整分析,得出的结论是,货币收入弹性低于一般年度模型中的货币需求收入弹性,进而认为中国金融资产中的 M1 和非 M1 金融资产之间的替代性强,金融市场有了一定的广度和深度[②]。

张勇开拓性地建立了一个反映金融资产与非金融资产互相替代的资产替代模型,并借这个模型来对我国金融市场的货币需求以及货币流通速度进行了有益的探索。他设立其他存款/(企业活期、定期存款+居民储蓄存款+现金)作为资产替代变量(RATE)。其中分子代表非交易性资产与具有收入交易功能的交

① M. Friedman Benjamin,"Conducting monetary policy by controlling currency plus noise:A comment",*Carnegie-Rochester Conference Series on Public Policy*,1988,29:205-212.

② 吴卫华:《中国货币需求函数的协整分析》,《上海财经大学学报》2002 年第 4 卷第 1 期:24-30。

易性资产之和,分母代表具有金融市场交易功能的交易性资产。并且以货币流通速度作为因变量,以收入、通货膨胀率以及股票预期收益率为自变量,进行了协整检验,结果表明:当股票市场交易规模扩大,公众会将企业存款、储蓄存款和现金替代为股票交易客户保证金,RATE 上升 1‰,并导致 M1 需求减少,V1 增加 0.225%。这一结论符合理论预期,并且表明了公众的资产替代行为确实影响到货币流通速度的稳定性[①]。

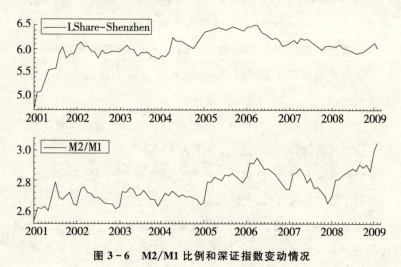

图 3 - 6   M2/M1 比例和深证指数变动情况

数据来源:M1、M2,深证指数数据均来自于人民银行网站,图表为作者用 EXCEL 表制作。

我们下面来实证我国的资产价格波动是否会对货币需求产生影响。

M1 包含货币和活期存款,活期存款由于具有高度的变现性,

①   张勇:《资产替代、金融市场交易和货币流通速度的稳定性》,《中央财经大学学报》2007 年第 1 期。

也将其视为货币需求，M2 是广义的货币供给，其中包括了定期存款、证券市场客户保证金等因素。M2/M1 越大，说明货币需求的比例越小，我们选用 2001 年 1 月—2009 年 2 月的月度数据，来考察 M2/M1 比例与股票指数的相关关系。由于上证指数和深证指数的波动幅度非常一致，我们选用深证指数来代表股票价格，我们可以从图 3－6 大概了解到，M2/M1 比例和深证指数变动大体相同。

假设 $M_2/M_1 = \alpha + \beta S$

为了简化计量方程式，使之形态上为线性，我们对数据均进行对数处理，然后分别采用单位根检验进行平稳性序列检验，验证结果得出是平稳性序列后，进行回归分析，得到：

表 3－11　M2/M1 与股价指数的相关性分析结果

变量	相关系数	标准误差	t 值	概率
股价指数	0.067471	0.009997	6.749304	0.0000
常数	0.605953	0.060429	10.02752	0.0000

根据回归分析结果，我们得到如下方程式：

$$LM2/M1 = 0.0674707765 \times LSHARE\_SHENZHEN + 0.6059531443$$

$$（式 3－11）$$

可见，深证股指每上涨 1％，将使得 M2/M1 比例上涨 0.067％，这也验证了我国股市对货币需求是有吸收效应的。股票指数上涨，货币持有的成本上涨，因此人们会选择减持货币，M1 的持有比例下降。

M1 由流通中货币和活期存款构成，代表了经济体中的高流动性货币，这部分货币能够迅速地完成投资和变现。在股市中资金不断注入将推动股指上升,反之则股指下跌。而决定股市资金充裕度的货币指标正是 M1,因为 M1 所包含的活期存款通常都是资金进入股市的主要资金。从中国货币指标 M2 的构成(M2＝M1＋储蓄存款＋企业定期存款＋证券公司客户保证金＋其他存款),可以发现,M2 中除 M1 以外的准货币因为流动性差难以构成股市资金的主要供应源。

一方面股票市场的壮大使 M1 的需求增大,而另一方面,M2/M1的增加,说明 M1/M2 的比例日渐缩小,前者是股票市场对货币需求的扩大效应,而后者则是对货币需求的吸收效应。M1 的绝对数量在增加,而 M2 的绝对数量增加得更快,说明 M2 中包含的证券公司客户保证金以及其他存款等,都是股市向好发展的依据和潜在推动力。

当然,仅仅 M2/M1 比例的变动与股指的关系并不能完全说明货币需求会因为资本市场的扩大而缩小,这只是对货币需求的吸收效应。随着股票市场的壮大,以及基金、保险、债券等金融市场的完善及发展,我国的货币需求应该是相应增加的,我们称之为货币需求的扩大效应。最终货币需求是增多还是减少,就取决于吸收效应和扩大效应的相对大小。

第三节　资产价格波动影响通货膨胀的制约因素

资产价格影响通货膨胀主要通过以上几种渠道,但是资产价格影响通货膨胀的效果还取决于这个国家的经济金融环境,比如金融体系、金融结构以及产业结构等,不同的国家有不同的金融体系,以及不同的金融资产结构都会影响资产价格向通货膨胀传导的效果。这也是为什么不同的学者研究两者关系会有不同结论产生的原因所在。甚至在一个国家的不同阶段,都有可能表现出不同的效应。

一、金融资产规模

按照国际货币经济组织(IMF)的定义,金融资产包括通货和存款、非股票证券、贷款、股票和其他股权、保险准备金、货币黄金和特别提款权,金融衍生产品和其他应收应付账款。

金融资产存量,这一指标反映了一个国家经济货币化程度及可提供的中介资本的总量。金融资产存量与一国 GDP 之比称之为金融深度指标。金融资产规模越大,对实体经济的影响也越大。资产价格波动对通货膨胀的影响应该也越大。

表 3-12　中国金融资产总量统计

(单位:亿元,%)

	1991		1996		2001		2005		2007	
	数额	占比	数额	占比	数额	占比	数额	占比	数额	占比
一、国内金融资产(1+12)	45624.0	191.0	157419.2	207.2	346477.4	305.7	605989.6	310.8	1162495.2	395.7
1.对国内的总债权(2+7)	45171.6	189.9	147576.9	197.5	302955.2	263.2	573559.3	291.8	835354.3	310.7
2.对国内金融机构债权(3~6)	21374.9	88.6	79882.8	105.9	172431.8	149.3	346156.8	173.5	517239.1	190.8
3.流通中现金	3177.8	13.5	8802.0	12.4	15688.8	14.1	24031.7	12.4	30334.3	11.9
4.存款	18079.0	74.6	68571.2	90.5	143617.2	124.1	287169.5	144.2	389371.2	149.6
企业存款	5050.1	21.3	22287.2	29.2	51546.6	44.4	96143.7	49.3	138673.7	52
财政存款	485.8	2	1271.0	1.7	3369.8	3.2	7996.3	3.9	17632.5	5.9

续表

机关团体存款	752.8	3.2	947.7	1.4	2852.8	2.4	12052.3	5.5	19032.6	7
储蓄存款	9241.6	38	38520.9	50.4	73762.4	64.1	141051.0	71.1	172534.2	69.1
活期	1549.9	6.4	7647.5	10	22327.6	18.8	48787.5	24.6	67599.7	26.1
定期	7691.7	31.6	30873.4	40.4	51434.9	45.3	92263.5	46.5	104934.4	43
5.金融债券	118.1	0.5	2509.6	3.1	8534.5	7.4	19729.6	9.5	68529.7	19.3
6.保险储备金a	—	—	—	—	4591.3	3.7	15226.0	7.4	29003.9	10
7.对国内非金融机构债权(8~11)	23796.7	100.9	67694.1	91.5	130523.4	113.9	227402.5	118.3	318115.2	119.9
8.贷款	21337.8	90.8	61152.8	82.6	112314.7	98.3	194690.4	101.8	261690.9	100.6
短期贷款	16500.3	71.2	40357.9	51.9	67327.2	61.8	87449.2	47.6	114477.9	44
中长期贷款	3044.4	12.3	12153.6	16.5	39238.1	31.2	87460.4	44.8	131539.1	49.1
信托贷款	—	—	—	—	2497.6	2.3	3126.2	1.6	2356.3	1
其他贷款	1793.1	7.3	8641.3	14.2	3251.8	3	16654.6	7.8	13317.6	6.4
9.财政借款	1067.8	4.3	1582.1	2.3	1582.1	1.5	0	0	0	0
10.政府债券f	1060.0	4.5	4361.4	5.7	15618.0	13.3	28774.0	14.9	48741.0	16.5
11.企业债券	331.1	1.2	597.7	0.9	1008.6	0.9	3938.1	1.6	7683.3	2.9
12.股票b	452.4	1.1	9842.4	9.7	43522.2	42.5	32430.3	19.0	327140.9	85
二、国外金融资产(13~16)c	3779.3	17.3	14819.0	18.9	29356.5	24.4	98666.3	47.9	167136.6	60.6
13.对外直接投资	291.7	1.3	1649.9	2.3	2868.2	2.5	5205.3	2.6	7859.8	2.9
14.证券投资	—d	—	—	—	—	—	9417.9	4.6	17494.5	7.3
15.其他投资	—	—	—	—	—	—	17407.4	8.5	29664.0	10.0
16.储备资产	2407.8	9.3	8935.2	11.3	18100.8	14.9	66635.6	32.1	112118.3	40.4
货币黄金	34.5	0.16	52.9	0.08	256.0	0.14	338.9	0.19	336.0	0.14
特别提款权	31.4	0.14	51	0.07	70.4	0.06	96.8	0.05	87.7	0.04
在基金组织的储备头寸	23.5	0.11	115.8	0.16	214.4	0.17	113.0	0.11	58.4	0.03
外汇	2318.4	8.8	8715.5	10.9	17560.1	14.5	66086.9	31.8	111628.9	39.2
三、金融资产总量(一+二)	49403.3	208.3	172238.3	226.1	375833.9	330.1	704655.8	358.7	1329631.7	456.4

注：此表转引自易纲、宋旺：《中国金融资产结构演进：1991—2007》，《经济研
究》2008 年第 8 期。

a1 按照 IMF《货币与金融统计手册》(2000)中的定义，保险准备金包括住户
在人寿保险和养老基金中的净股权和针对未了结要求权而预先支付的保险

费。鉴于中国没有官方公布的保险准备金数据,我们采用保险公司总资产作为保险准备金的近似。但官方公布的保险公司总资产数据只有从1999年开始的年度数据。事实上,1999年以前我国保险业的规模很小,因此在统计1999年以前中国的金融资产总量时忽略保险准备金不会影响本书的结论。b1 用股票市价总值表示。c1 国家外汇管理局统计了2004—2007年的中国国际投资头寸。2004—2007年的国外金融资产数据可以直接从国家外汇管理局公布的中国国际投资头寸表中获得;其他年份的数据无法直接获得,并且因为证券投资和其他投资数据的缺失,所以也无法由13—16加总获得。我们根据国家外汇管理局公布的中国国际投资头寸表中2004—2007年的国外金融资产数据以及13和16中的数据插值估计了其他年份的国外金融资产。d1—表示数据目前不可得。e1 此表中的占比是指占国民总收入的比重。f1 债券均用面值表示。

数据来源:3、4、8、9的数据来源于Wind资讯;5、10和11中1991—2006年的数据来源于《中国期货统计年鉴2006》和《中国金融年鉴2007》,2007年的数据来源于易纲(2008);6中的数据来源于Wind资讯,12中的数据来源于各年的《中国金融年鉴》以及易纲(2008);13中1991、1996和2001年的数据来源于《世界经济年鉴2006—2007》,2005和2007年的数据来源于国家外汇管理局公布的中国国际投资头寸表;14、15中的数据来源于国家外汇管理局公布的中国国际投资头寸表,16中的数据来源于IMF的国际金融统计(IFS)和国家外汇管理局公布的中国国际投资头寸表。

因为易纲在计算上表时没有考虑房地产资产,还不是广义的金融资产规模,如果加入房地产因素,我们得到下面图表:

表 3 - 13　1991—2007 中美金融资产占比

年度	中国 (金融资产＋房地产)/GDP	美国 (金融资产＋房地产)/GDP
1991	2.30	3.99
1996	2.46	4.27
2001	3.47	4.50

续表

2005	3.89	4.84
2007	5.38	4.91

注:中国金融资产数据参考表3-12,房地产业及 GDP 数据来源于国家统计局。美国相关数据来源参考表3-14。

　　从上表可以看出,中国金融资产和房地产规模虽然比美国小很多,但是中国的金融资产规模已经在迅速扩大,在 GDP 中的占比也越来越大,并在2007年已经超过了美国。

　　金融资产规模的增大,也体现了金融在经济中的比重越来越大,金融市场对实体经济的影响随之增强。因此,资产价格的波动例如股票价格和房地产价格,对物价的影响从理论上来说也应该随之扩大。

表 3 - 14　1990—2007 年美国金融资产规模及其占比

(单位:亿美元,%)

年份	GDP	房地产	金融资产	金融资产/GDP	房地产/GDP	(金融资产+房地产)/GDP
1990	57572.0	73813.50	146128.50	2.54	1.28	3.82
1991	59469.0	75401.60	161783.60	2.72	1.27	3.99
1992	62868.0	78231.90	170165.40	2.71	1.24	3.95
1993	66043.0	80806.70	182983.20	2.77	1.22	3.99
1994	70175.0	83875.30	189723.70	2.70	1.20	3.90
1995	73423.0	87579.20	215579.60	2.94	1.19	4.13
1996	77623.0	91816.80	239831.50	3.09	1.18	4.27
1997	82509.0	96939.70	273855.20	3.32	1.17	4.49
1998	86946.0	105890.4	301888.70	3.47	1.22	4.69
1999	92162.0	115557.2	345735.00	3.75	1.25	5.01
2000	97648.0	126101.0	332845.50	3.41	1.29	4.70
2001	100759.0	136262.7	317549.90	3.15	1.35	4.50
2002	104176.0	148946.1	295643.30	2.84	1.43	4.27

续表

2003	109080.0	163498.3	340481.10	3.12	1.50	4.62
2004	116573.0	182678.3	370960.60	3.18	1.57	4.75
2005	123979.0	204864.3	395436.90	3.19	1.65	4.84
2006	131639.0	219317.5	432180.10	3.28	1.67	4.95
2007	138112.0	224833.2	453330.40	3.28	1.63	4.91

数据来源:Flow of funds Accounts of the united states(1945—2008)http://www. federalreserve. Gov/release/zl/current/data. Htm. 其中房地产和金融资产数据转引自陈玉京:《中美住房金融理论与政策:房地产资本运动的视角》,人民出版社 2009 年版,第 105—106 页;美国 GDP 数据来源于 *2008 Economic Report of the President*。

我国的股票市场规模则受到股价波动的影响,总的说来,股票总市值占 GDP 的比例从 1992 年基本呈上升趋势,一直到 2000 年到达高点,然后由于股市持续了几年的低迷期,股票市值占比逐渐减少,在 2005 年到达谷底随后受股价上涨影响,市值迅速扩大,在 2007 年股票市值占 GDP 的比例超过了 130%。

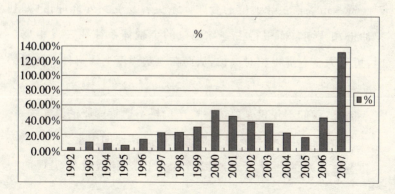

图 3-7 我国股票总市值/GDP 比例

注:股票总市值数据来源于人民银行网站,GDP 数据来源于国家统计局。

二、金融结构因素

金融资产规模越大,在 GDP 中占比越多,意味着金融市场在国民经济中的地位越重要,从而资产价格的波动对通货膨胀的影响也会越大。但是除了金融资产规模,金融资产结构也是影响资产价格与通货膨胀关系的重要原因。很多学者在分析资产价格与通货膨胀的关系时,通常忽略金融资产结构,制度环境等原因,因此,其得出的实证结论并不能解释真实情况。

(一)银行主导型和市场主导型的金融体系

金融系统可以按照间接融资为主还是直接融资为主分为两大类:一类是市场主导型金融系统,也就是说直接融资更为发达的金融系统类型,以美国、英国和加拿大等国家为代表;另一类就是银行主导型金融系统,指银行在金融资源的配置中起主导作用的金融系统,主要包括日本和一些欧洲大陆国家。

资本市场占主导地位的金融体系更容易受到外部冲击(如利率冲击)的影响;而银行占主导地位的金融体系往往在发生危机时,可以为企业提供相对保护,从而在一定程度上缓解外部冲击的影响[①]。

因此,我们不仅仅是要了解资产价格与通货膨胀的真实关系,更要全面去探寻影响资产价格向通货膨胀传递的因素。

金融体系的差异将影响股价和房价的财富效应实现的程

---

① 贾俊雪、郭庆旺:《经济开放、外部冲击与宏观经济稳定—基于美国经济冲击的影响分析》,《中国人民大学学报》2006 年第 6 期。

度。首先,一般而言,市场主导型金融系统国家中的股票市场规模比银行主导型金融系统国家的要大,因此,资产价格的财富效应可能会相对明显。其次,在市场主导型的国家中,家庭参与金融资产买卖的程度更大,家庭和资产配置行为不可忽视。最后,在市场主导型国家中,将股票期权作为企业支付方式的做法比银行主导型金融系统国家普遍,风险资本的数目可以清楚地反映出来。

1. 市场主导型金融体系——财富效应更明显

在市场主导型的国家,家庭或者企业拥有的金融资产包括股票资产比例更大,而且拥有更多产品和更完善的制度去实现收益。针对不同类型资产价格的变动而调整消费的程度要大于银行主导型国家的家庭或企业。国际货币基金组织采用 1970 年到 2000 年 16 个发达国家的数据,对财富效应进行了研究,认为在市场主导型的经济体中资产价格变化导致的财富效应要大于以银行主导型的经济体。但随着金融市场的深化和市场流动性的提高,这两种经济体中,股票和住房价格上升带来的财富效应都将随之提高[①]。

由表 3－15 我们可以看出,我国的股票交易额占 GDP 比重在 2007 年接近世界高收入国家水平,股票交易周转率在 2007 年达到了 180％,几乎接近高收入国家的水平,说明我国的股票市场日益活跃,直接融资渠道也逐渐增强。

①　马志扬:《我国股票市场传导货币政策的实证研究》,中国人民银行金融研究所学位论文,2006。

表 3-15　股票交易额占国内生产总值的比重及股票交易周转率

(单位:%)

国家和地区	股票交易额占国内生产总值的比重			股票交易周转率①		
	2000	2006	2007	2000	2006	2007
世界总计	152.5	141.7	187.4	122.3	129.9	157.0
高收入国家	178.2	172.4	218.5	130.5	149.4	181.0
中等收入国家	33.8	39.5	95.2	78.6	63.5	86.1
低收入国家	14.7	25.7	24.4		79.3	80.2
中国	60.2	61.5	237.5	158.3	102.0	180.0
中国香港	223.4	212.6	443.6	61.3	60.0	89.1
印度	110.8	69.7	94.6	133.6	93.1	84.0
日本	57.7	143.1	148.4	69.9	132.1	142.0
韩国	208.7	150.9	203.5	233.2	172.5	202.0
美国	326.3	252.7	308.5	200.8	182.8	217.0
巴西	15.7	23.8	44.5	43.5	42.9	56.2
法国	81.6	111.4	133.4	74.1	119.6	132.0
德国	56.3	85.8	102.0	79.1	173.9	180.0
俄罗斯	7.8	51.9	58.4	36.9	64.1	58.9
英国	127.2	178.5	378.5	66.6	123.8	270.0
澳大利亚	55.9	114.2	161.0	56.5	87.0	111.0

注:资料来源于《2009 国际统计年鉴》,中国统计出版社。

　　无论何种类型的金融体系,财富的边际消费倾向一般都会随着金融系统的逐步深化而逐渐上升,银行主导型金融系统更为明显。但需要注意的是,如果房产市场信贷资金积淀过多,住房抵押贷款过度支持,可能会造成居民负债比例的增强,从而挤压消费支出,减弱财富效应。

　　2.银行主导型金融体系——贷款渠道更重要

　　在银行主导型的国家中,资产价格波动的贷款渠道比财富效应

---

　　①　股票交易周转率指一定时期内股票交易总额除以该市其上市公司平均市值。

更明显。在这种类型国家中,资本配置主要以银行为基础,间接融资是企业融资的主要手段。因此,信贷渠道对于本国经济的影响比股票市场的影响更为直接和明显,资产价格的波动对于通货膨胀的影响也更多地体现在贷款渠道上,而不是财富效应中。

表 3 - 16　境内股票筹资与银行贷款增加额的比率

（单位:亿元）

年度	境内筹资额	贷款增加额	百分比（%）
1993	314.54	6335.40	4.96
1994	138.05	7216.62	1.91
1995	118.86	9339.82	1.27
1996	341.52	10683.33	3.20
1997	933.82	10712.47	8.72
1998	803.57	11490.94	6.99
1999	897.39	10846.36	8.27
2000	1541.02	13346.61	11.55
2001	1182.13	12439.41	9.50
2002	779.75	18979.20	4.11
2003	823.10	27702.30	2.97
2004	862.67	19201.60	4.49
2005	338.13	16492.60	2.05
2006	2463.70	30594.90	8.05
2007	7722.99	36405.60	21.21
2008	3396.00	40302.15	8.43

注:境内筹资额为 A、B 股筹资额;数据来源于中国人民银行、国家统计局、中国证监会,经作者整理所得。

如图 3 - 8 所示,我国的境内股票筹资额占银行信贷增加额的比例在 2000 年前一直是 10% 以下,到 2000 年超过 10% 达到 11.55%,而后又减小,从 2005 年开始,逐渐上涨,到 2007 年达到 21.21%,而后因为股价的下跌,迅速减小到 8.43%。16 年来境内股票筹资额占银行信贷增加额的平均比率为 6.73％,由此可以判断,我国的金融体系还是一个银行为主导的金融体系。

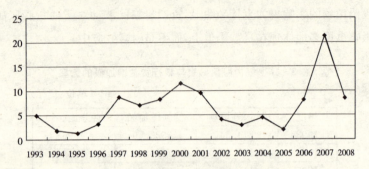

图 3-8 股票筹资与贷款增加额的比率

在银行主导型的国家中,资产价格的贷款渠道要比消费渠道有效。因此,当股价或者房价上涨时,银行会因为其净资产的增加而扩大信贷量,从而使企业增加投资。

虽然我国的金融市场这些年发展迅速,但是与信贷规模比较起来,直接融资规模仍然不够,因此银行成了企业融资的重要渠道,因银行信贷的过度支持而造成的不良贷款率与其他国家相比也较高。

表 3-17 部分国家和地区银行不良资产占全部贷款比重(％)

国家和地区	2000	2003	2004	2005	2006	2007
世界	9.5	6.6	5.1	4.15	3.0	
中国	22.4	20.4	12.8	9.8	7.5	7.0
中国香港	7.3	3.9	2.3	1.4	1.1	1.0
印度	12.8	8.8	7.2	5.2	3.5	
日本	5.3	5.8	4.0	2.9	2.5	
韩国	8.9	2.6	1.9	1.2	0.8	0.8
新加坡	3.4	6.7	5.0	3.8	2.8	
美国	1.1	1.1	0.8	0.7	0.8	0.8
俄罗斯	7.7	5.0	3.8	3.2	2.6	2.4

数据来源:《2009 国际统计年鉴》,中国统计出版社。

从表 3-17 可以看出,我国在 2000 年不良贷款率高达 22.4%,是世界平均水平的 2 倍多,是美国的 20 倍。自从成立金融资产管理公司对不良贷款进行处置以来,取得了良好的效果,到 2004 年不良贷款率迅速递减到 12.8%,而到 2007 年又下降到 7%,但是仍然高于 2006 年世界 3% 的平均水平,因此我们不仅要关注贷款规模,更需要关注贷款的效率问题。

(二)金融资产结构因素

金融资产结构是指国内部门持有的各种金融资产的种类和比例大小。金融资产结构反映了各类金融资产之间的替代结果。在资产价格产生波动时,不同的金融资产结构,将导致不同种类的金融资产规模产生变化,从而对宏观经济造成不同效果的影响。

从表 3-18 可以看出,非金融机构负债结构中的贷款明显减少,从 1991 年的 46.8%[①]下降到 22.5%,这一趋势主要是在短期贷款急剧减少的拉动下形成的。在过去的 16 年间,短期贷款在国内金融资产中的占比从 36.2% 下降到 9.8%。但中长期贷款在国内金融资产中的占比不但没有下降反而大幅上升,从 1991 年的 6.7% 上升到 2007 年的 11.3%。中长期贷款占比的增加与我国的住房体制改革紧密相关。1994 年我国全面推进住房市场化改革,这一改革必然导致对住房抵押贷款等中长期贷款的强劲需求,从而带动中长期贷款的快速增长。

从 2008 年开始,国内非金融机构部门(包括住户、非金融企业和政府部门)融资总量继续较快增长。看融资结构,贷款融资的主导地位有所加强,企业债券融资快速增长,在全社会资金配置中的

---

① 这里的计算结果是贷款在金融资产中的比例,而不是贷款在非金融部门债务中的比例。后面的人民银行发布的贷款融资比例是贷款/非金融部门融资总量。

表 3-18   1991—2007 年中国金融资产结构演进

(单位:%)

	1991	1996	2001	2005	2007
1.对国内的总债权(2+7)	99.0	93.7	87.4	94.6	71.9
2.对国内金融机构债权(3～6)	46.9	50.7	49.8	57.1	44.5
3.流通中现金	7.0	5.6	4.5	4.0	2.6
4.存款	39.6	43.6	41.5	47.4	33.5
企业存款	11.1	14.2	14.9	15.9	11.9
财政存款	1.1	0.8	1.0	1.3	1.5
机关团体存款	1.7	0.6	0.8	2.0	1.6
储蓄存款	20.3	24.5	21.3	23.3	14.8
活期	3.4	4.9	6.4	8.1	5.8
定期	16.9	19.6	14.8	15.2	9.0
5.金融债券	0.3	1.6	2.5	3.3	5.9
6.保险准备金	—	—	1.3	2.5	2.5
7.对国内非金融机构债权(8～11)	52.2	43.0	37.7	37.5	27.4
8.贷款	46.8	38.8	32.4	32.1	22.5
短期贷款	36.2	25.6	19.4	14.4	9.8
中长期贷款	6.7	7.7	11.3	14.4	11.3
信托贷款	—	—	0.7	0.5	0.2
其他贷款	3.9	5.5	0.9	2.7	1.1
9.财政借款	2.3	1.0	0.5	0.0	0.0
10.政府债券	2.3	2.8	4.5	4.7	4.2
11.企业债券	0.7	0.4	0.3	0.6	0.7
12.股票	1.0	6.3	12.6	5.4	28.1
国内金融资产(1+12)	100	100	100	100	100

注:图表引自易纲、宋旺:《中国金融资产结构演进:1991—2007》,《经济研究》
2008 年第 8 期。

作用显著上升,股票和国债融资占比明显下降。受股票市场大幅
回调影响,全年非金融企业股票融资额同比减少 2875 亿元,下降
44.0%;国债融资占比下降,主要是 2008 年国债到期兑付较多,全

年同比多兑付 1685 亿元所致。

表 3 - 19　2008 年国内非金融机构部门融资情况简表

	融资量（亿元）		比重	
	2007 年	2008 年	2007 年	2008 年
国内非金融机构部门融资总量	49817	59984	100	100
贷款	39205	49854	78.7	83.1
股票	6532	3657	13.1	6.1
国债	1790	1027	3.6	1.7
企业债	2290	5446	4.6	9.1

注：①本表股票融资不包括金融机构上市融资额。②2007 年国债数扣除了 1.55 万亿元特别国债。③包括企业债、短期融资券、中期票据和公司债。
数据来源于中国人民银行《中国货币政策执行报告（2008 第四季度）》。

　　史代敏和宋艳建立托比模型[①]，研究表明金融市场上为不同年龄段的居民设计的有针对性的金融产品不具有广泛的认知度和吸引力，各年龄层次的居民金融资产结构相似，这是由于我国的金融市场上并没有适合各个年龄层次的丰富多样的金融产品供居民选择；而且由于市场上的可选择金融资产太少，造成在实际中存在大量的强制性选择；全社会保险意识差，储蓄性保险缺乏吸引力；现有的居民金融资产结构会导致居民家庭间贫富差距进一步加大；总财富越多的居民家庭金融资产占财富比重越大，并且金融资产中高收益的风险性金融产品所占比重越大，也就是说他们将比相对贫穷的居民家庭获得更为丰厚的金融资产投资收益，导致富裕

---

　　① 史代敏、宋艳：《居民家庭金融资产选择的实证研究》，《统计研究》2005 年第 10 期。Tobit 模型是诺贝尔经济学奖获得者 J. Tobin 于 1958 年研究因变量受限问题的时候首次提出来的。

居民家庭进一步积累家庭财富。

　　汪伟通过一个加入交易成本的两期资产选择模型，对目前城镇居民储蓄迅速流向股市而农村居民几乎不持有风险资产这两种并存现象的巨大反差提供了一个较为合理的解释。他发现，当持有风险资产存在成本时，财富水平的高低和交易成本的大小是居民决定是否持有一定数量风险资产的重要因素。二元经济结构下的城乡收入差距显著、财富分布极不均等和交易成本的不对称是阻碍农村居民投资风险资产的主要原因[①]。

　　一般认为，居民资产组合选择的理论基础是资本资产定价模型（CAPM），而利率则是影响居民资产选择的重要因素。关于利率与居民金融资产结构也有很多相关研究。

　　Green 与 Kiernan 认为利率是人们考虑选择资产的主要因素，资产结构相近，利率就会趋于一致。对于居民来说，利率自由化一方面带来负利率损失的降低、储蓄获利机会的增多，另一方面也由于存款对利率的敏感性增加，引起存款结构的变化[②]。

　　秦丽采用 1994—2006 年资金流量表中关于居民金融资产结构流量的有关数据，将一年期存款名义利率和一年期存款实际利率作为解释变量，将储蓄存款、股票、保险、企业证券和政府证券、手持现金的占比作为被解释变量，对它们之间的相关性进行了分析，相关系数结果如下[③]：

---

　　① 汪伟：《投资理性、居民金融资产选择与储蓄大搬家》，《当代经济科学》2008 年第 2 期。

　　② 见邵伏军：《利率自由化改革中的风险及控制》，中国金融出版社 2005 年版。

　　③ 秦丽：《利率自由化背景下我国居民金融资产结构的选择》，《财经科学》2007 年第 4 期。

表 3－20　　利率与各类金融资产的相关系数

	居民储蓄存款	股票	保险准备金	企业债券	政府债券	手持现金
一年期存款名义利率	0.464443	−0.58856	−0.843648	0.01499	0.130228	0.26683
一年期存款实际利率	−0.543808	0.41227	0.408376	0.043071	0.246628	0.032845

注：此表引自秦丽：《利率自由化背景下我国居民金融资产结构的选择》，《财经科学》2007 年第 4 期。

可以看出，无论是一年期存款利率还是实际利率，与居民金融资产结构中储蓄存款、手持现金、政府债券和企业债券相关度总体都比较低，其中居民储蓄存款的占比与名义利率有相对较高的正相关性，而与实际利率则有相对较高的负相关性；保险准备金和股票的占比与实际利率有正相关性，与名义利率则表现出较高的负相关性。总体上来看，利率与居民储蓄存款和有价证券的相关度较低，表明居民金融资产选择行为对利率变动的弹性很弱。

三、产业结构和区域经济因素

（一）产业结构因素

产业结构因素是影响资产价格向通货膨胀传导效应大小的原因之一。产业结构不均衡是造成我国资产收益率结构失衡的深层原因。产业结构升级滞后于消费和生产发展的要求。一方面，传统产业的大路产品①和低档产品生产能力严重过剩，利润率很低；另一方面，新的投资热点和经济增长点没有及时找到。实际经济

――――――――――

①　这里指市场上价格与品质一般的产品。

部门投资回报率低而且风险高,使得其对货币的吸纳能力下降。

产业结构的优化和升级有助于促进国内资源的合理配置,减少经济扭曲,从而增强经济内在稳定性,削弱外部冲击的影响。

我国经济结构长期失衡加剧了过剩的流动性转向资产价格。因为我国经济过分依赖高投资,消费/GDP 的比重很低;虽然较高的储蓄率为高投资提供了保障,但是投资水平升高带来的可能是产能的过剩。在国内消费率一直相对较低的情况下,只有扩大出口才能消化过多的产能。外汇储备增加进一步带动了基础货币的被动增加。由于国内养老、医疗等社会保障体制不完善,又缺乏其他的投资渠道,居民将过多的货币除了储蓄,就是投向股市和房地产,从而推动资产价格上涨。

产业结构调整过程是国家利用宏观政策合理配置资源,优化资源的过程。产业结构调整会对投资过程产生重大影响,特别是会对证券资产投资产生重要作用。产业结构包括产品结构、资本结构、行业结构、就业结构、生产结构和产业的布局结构等,产品结构调整对证券投资影响主要表现在产业结构重点的转移影响证券资产价值的变化,从而影响投资者的投资集中度。产业结构调整是通过产业政策对社会资源分配进行干预和调节,在技术、产业布局和社会组织各方面通过产业结构政策、企业组织政策、产业技术政策、产业区域政策和产业社会政策等几个方面调整产业行为。随着产业政策的改变,促进产业布局重点发生有效转移,从而促进资源优化和产业行为的进步。在粗放型经济时期,我国证券市场一般重视对传统行业的投资,一些传统制造企业发行的证券具有较强的升值能力,因此,企业投资者重点投资于传统制造业。随着产业结构发生转移,我国产业结构逐步向集约型经济模式转变,科技含量高的制造业,如电子行业、精密仪器制造业等成为人们追求的目标,高新技术行业成为投资首选,如网络概念股、IT 行业股、软件行业股等上市公司的股价一度飚长,人们的投资选择也会随着产业结构变化而变化。这些投资选择的改变将对宏观经济产生不同程度的影响[①]。

(二)区域经济因素

区域经济环境对资产价格的影响是多方面的,比如:区域经济政策、区域经济发展战略和区域优势等都是投资者所重视的。区域优势强的企业发行的证券往往具有强势的购买力。

股票市场的投资者除了追逐行业板块,业绩板块以外,还会追逐区域板块。投资人通常会在分析国家区域政策变化、国家宏观区域战略趋势和区域优势的基础上,综合考虑可能的经济增长点和投资热点,从而决定证券投资的策略。

从货币市场借贷能力来看,地区货币市场发育过程和发育程度也极为不同。东部发达省份货币市场较为发达,参与货币市场的金融机构较多,同业之间拆入拆出较为频繁且数量较大;而欠发达的中西部地区货币市场体系建设和业务发展滞后,不仅参与主体少而且交易品种单一,交易规模小。超额准备金水平的不同和货币市场借贷能力的不同使得中央银行控制各区域商业银行信贷供给的能力不同。发达地区的信贷可得性强,受货币政策冲击较小,而欠发达地区会受到货币政策较大影响。

在当前贷款渠道作为货币政策主要传导渠道的背景下,不发达地区商业银行的准备金的多寡以及信贷供给能力的强弱受到央

---

① 郭华平:《证券投资的中观经济环境分析》,《中国科技信息》2006 年第 5 期。

行货币政策的较大影响,同时其控制风险的手段比较单一,主要是通过减少信贷数量。

从企业融资角度来看,在不发达地区,企业不论是获得银行贷款的能力还是得到其他外源融资的能力,都比发达地区要弱。因此,当货币政策发生变化影响到信贷供给时,在紧缩时期对不发达地区的冲击相对较大,而在扩张时期在发达地区效果较为明显。同一货币政策也会使地区之间的经济发展差距加大。

区域金融结构特点对货币政策传导很重要,如果某个地区,金融机构规模比较小、企业比较依赖银行贷款、资本市场不够完善以及金融资产集中于国有商业银行,则货币政策对这个区域就有很强的影响力。

胡振华、胡绪红采用金融机构存款余额、金融机构存款余额/GDP 这两个数据来衡量中部六省金融机构的规模,采用股票交易额/GDP 和上市公司数目/总上市公司数目这两个指标来反映商业银行等金融中介机构的市场化程度;采用四大国有商业银行存款余额/同期金融机构存款余额反映商业银行等金融中介机构的效率,同时也反映了国有商业银行资产的集中度。最后通过脉冲效应,在货币供应量改变的情况下,验证了股票融资的比例以及国有商业银行的集中度对区域产出影响大,而金融规模则不明显[①]。

总的来说,产业结构的变动以及区域经济的发展,将影响股票市场的波动,热点区域的发展将带动房地产市场的繁荣。股票交

---

① 胡振华、胡绪红:《金融结构差异与货币政策的区域效应》,《财贸研究》2007 年第 5 期。

易一般不受地理位置限制,网上交易的比例非常大,因此,影响股票市场的中观因素主要是产业政策。而房地产市场因为属于固定资产范畴,因此具有明显的区域性,一般影响房地产价格上涨的有地区生产总值、地区人均可支配收入、地区人口、地区住房需求等原因。甚至在一个城市不同的区域位置,房产价格都相差迥异。

由于不同的产业结构,就会导致股票市场的波动和房地产价格的波动,从而也会导致资产价格向通货膨胀的传递出现一定的偏差。

第四章 资产价格波动影响通货膨胀的经验分析与实证研究

在上一章中我们阐述了资产价格影响通货膨胀的五种传导渠道,这一章我们将对资产价格影响通货膨胀的效果进行实证分析。在实证分析之前,我们需要了解我国的资产价格与通货膨胀波动的特征以及波动趋势。首先,我们将对股票价格、房地产价格以及通货膨胀做一个经验分析,也是特征分析。然后,我们将影响通货膨胀的其他因素做一个相关性检验,重点验证我国资产价格影响通货膨胀的效果。

第一节 中国资产价格波动与通货膨胀的经验分析

我国的资产价格波动与通货膨胀的关系在过去经常出现"低通胀,高资产价格"的现象,而从 2005 年开始,却出现了"高通胀与高资产价格"并存的"双高"情形,要了解两种情况下资产价格对通货膨胀的影响,首先需要了解过去我国的资产价格波动与通货膨胀波动的特征和历史。

一、中国股票价格波动与房地产价格波动经验分析

股票市场中容易受到各种信息的扰动,投资者会根据所掌握

的信息形成对股票投资前景的预期。投资者会在综合考虑股票收益和风险、资金成本以及资金量后,决定对股票的需求量。当投资者的需求量为正时,表示投资者要买入股票;当需求量为负时,表示投资者要卖出股票。市场上所有投资者的总需求为 0 时,市场就达到了均衡状态,形成了均衡时的股票价格。

与股票价格不同,房地产价格则容易受到政策的影响,虽然房地产价格取决于市场供求双方的博弈,但是由于我国房地产价格形成机制并不有效,因此很大程度上是卖方制定规则,购房者只能接受价格。

(一)中国股票价格波动经验分析

股价的波动受到太多因素的影响,有基于经济层面因素的,也有异常波动,甚至一个政策信息或者突发事件都会引起股价的波动。股价波动是股市的常态,也是股市生命力存在的源泉之一,然而,股价的剧烈波动则隐藏着金融市场的风险。

研究股价波动的主要理论有价值理论、信心理论、相反理论、随机理论、可塑理论。价值理论认为股票的本质价值在于股息,股票价格是围绕股票的本质价值、根据供求关系上下波动的。信心理论认为促成股价变动的因素,是市场对于未来的股票价格、公司盈利与股票投放比率所产生的信心强弱。相反理论认为,当大多数人都看好时,牛市可能见底。当绝大多数人看淡时,熊市可能见底。原因是股票市场是依靠资金推动的,当绝大多数人看多时,就不再会有后续资金推动这个市场了。随机理论认为股价的波动是随意的,每个人都懂得分析,而且分析时所用资料都是公开的,在买卖双方都认为价格公平时,交易才会完成。亚当理论承认股票市场是不可测的,认为没有任何分析工具可以绝对准确地预测股市,人们要抛弃所有主观的分析工具,顺势而为,才能将风险降到最低限度。可塑理论认为股价波动取决于主力机构做多与做空的意愿,因为只有主力机构才能带动和打击市场人气。

1.非理性行为导致股价大幅波动

图 4-1 是自 1996 年 12 月 16 日我国股市实行涨跌停板制度以来,到 2009 年 2 月 16 日的上证指数和深证指数的变动趋势图。在这一期间我国股票市场主要经历两次大的波动周期,第一次波动周期是 1997—2001 年的上涨期和 2001—2005 年的下跌期;第二次波动周期是 2005—2008 年的急剧上涨期和 2008—2009 年初的剧烈下跌期。其中还有多次的震荡和调整。

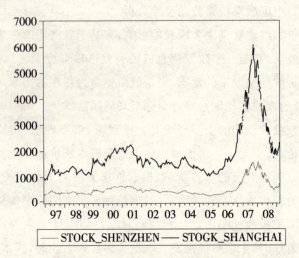

图 4-1　上证指数与深证指数波动图

注:上曲线为上证指数,下曲线为深证指数,上证指数与深证指数的日数据均来源于 wind 数据库。

2006 年初到 2008 年初的股票价格猛涨,简单归纳为以下几个原因:首先,当时宏观经济走出通货紧缩阴影,可投资信心开始恢复和增加;其次,受到国际流动性过剩的影响,大量资本流入,很多流向了股票市场,推动股价上涨;再者,因为人民币升值的原因,导致国外投资者对人民币进一步升值的预期,从而吸引了大量的国外资金流入国内。最重要的一点,是我国大多数股市投资者的非理性行为,这是推动资产价格急剧上涨和下跌的主要原因。

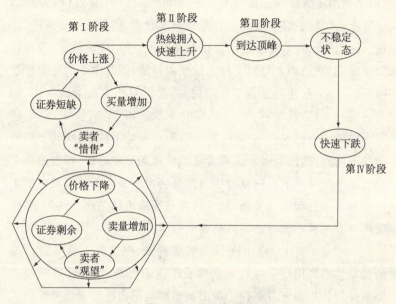

图 4 - 2　正反馈机制

注:该图引自李红权、汪寿阳、马超群:《股价波动的本质特征是什么? ——基于非线性动力学分析视角的研究》,《中国管理科学》2008 年第 10 期。

　　李红权等用正反馈机制图分析了股市的非理性行为[①]。在股市发展的第 I 阶段,股市开始恢复性上涨,随着股市复苏的信号越来越强,价格的持续性上涨将使市场的气氛逐渐高涨,此时在"逐

_____

　　① 李红权、汪寿阳、马超群:《股价波动的本质特征是什么? —基于非线性动力学分析视角的研究》,《中国管理科学》2008 年第 10 期。

利效应"的影响下越来越多的投资者加入到购买者队伍,而股票原有的持有者在良好预期形势下"惜售"(寄希望于在一个更高的价格卖出)或追加购买,在这种情形下股票的供需缺口将进一步加大(在较短时间内,股票的供给是有限的),进而引起价格的进一步抬升,从而形成价格的上涨循环。在股市发展的第 II 阶段,各路增量资金在"赚钱效应"的诱因下纷纷进入股市(包括数量较大的"热钱"(hot money)),股市进入快速上涨阶段。第 III 阶段中,股市达到顶峰,上涨的动力得到了最大程度的释放,同时由于价格偏离基础价格过高,这种高点是不稳定的;如果没有相应的上涨动能(如题材或热点)持续支撑,股市终究会下跌。第 IV 阶段中,由于基本面的要求或技术面的"风吹草动",股市开始下跌,起初的下跌可能并不剧烈,然而当多数投资者意识到市场已经逆转(特别是在有连续性下跌情形下),抛空的压力就显著增大了。下跌过程中的正反馈和上涨过程中的类似,只不过它将造成价格急速下跌的"恶性循环",有时甚至能将市场推至崩溃边缘。

2008 年以来,股市出现较大幅度调整,但这并不意味着市场的流动性格局出现了逆转。支撑股市快速上涨,流动性过剩是必要条件但并不是充分条件。股市调整则与国内外宏观经济形势出现不确定性、大小非解禁、股市快速扩容、封闭式基金分红等有关。从资金角度,股市资金的有效供给下降,居民储蓄资金减少向股市转移,2009 年 1—2 月份各项存款增加 1.56 万亿元,比去年同期多增 5647 亿元,导致股市内出现资金相对供给不足。

2.个人投资者投资方式机构化

机构投资者和个人投资者最大的区别在于所控制资金量的巨大差距,这种差距一般来说都在上千倍。获取信息和分析信息都是需要付出大量的人力、时间和资金的。由于拥有巨额的资金量,机构投资者在获取信息以及分析信息方面拥有绝对的优势。个人投资者不可能对每家公司都进行深入研究。机构投资者的研究范围则远远大于个人投资者,甚至可以对上市公司进行实地考察。就算获得了同样的信息,机构投资者对信息分析的质量也会高于个人投资者。机构投资者一般设有专门的研发部门,有专业的研究人员对其进行研究,研究的效果自然有差别于个人投资者。

因为机构投资者拥有获取信息和分析信息的强大能力,所以有些引起个人投资者变动的信息,可能并不会影响机构投资者的预期收益率。由此相对于个人投资者来说,机构投资者对股票的需求变动更少。于是,存在机构投资者时股票的价格波动要小于无机构投资者时股票的价格波动,而且机构投资者所占的比重越大,股票价格波动越小。

图 4 - 3　机构投资者与个人投资者比例

注:数据来源于人民银行网站。

从图 4 - 3 可以看出,我国的机构投资者比例呈逐渐上升的态势。机构投资者比例越多,股市相对越理性。从国外市场来看,证券市场是机构占主导。美国、英国等是保险资金、共同基金和养老基金等机构稳定持有股市绝大部分股份;日本等则是法人机构相互持股,也是机构占据主导地位。而且从这些国家的股市发展经验来看,随着证券公司、公募基金、私募基金等机构的逐渐增多,散户会通过购买这些机构的金融产品来间接参与股市,机构投资者持股比例呈逐渐增多趋势。

3. 我国股市存在通货膨胀幻觉

中国证券界通常采取市盈率定价方式。想通过将红利收益率跟同期银行存款名义利率进行对比来说明市场的估值状况,这也是通货膨胀幻觉。图4-4是1998年10月到2009年3月的我国上证所A股的市盈率与上证所A股新开户投资者的变动趋势。我们可以清楚地看到,新增开户数的大体波动趋势是随着市盈率的增长而增长,随着市盈率的下降而下降,而新增开户数的波动浮动比市盈率波动幅度大,可以看出,投资者对市盈率的变化比较敏感。

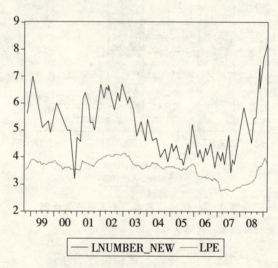

图4-4　市盈率与开户数的变动图

注:其中 LPE 是对数处理的市盈率,而 LNUMBER_NEW 是新增的开户数,
　　为了使计量方程式为线性,便于分析,我们对变量做对数处理。原始数据
　　来源于人民银行。

以新增开户数为因变量,市盈率为自变量,对两者进行单位根检验验证序列的平稳性后,作线性回归,得到下面方程:

LNUMBER_NEW=−1.191086563+1.780463516LPE (式 4−1)

可见,市盈率每上涨 1%,会带动 1.78% 的新增开户数。从以上至少可以分析出,在我国的确存在着"通货膨胀幻觉"的现象,投资人通常拿市盈率去比较股票收益率,而没有除去通货膨胀的因素。

(二)中国房地产价格波动经验分析

我国房地产市场是 1998 年开始商品化改革的,因此我们主要研究 1998—2008 年的房地产价格波动。

1.房价呈现震荡性上涨

首先我们看 1998 年以来我国的房价上涨的趋势图。

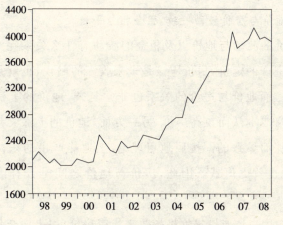

图 4−5　1998—2008 年房价波动趋势图

注:这是 1998 年 1 季度至 2008 年第四季度的房价波动趋势图。房价用的是商
　品房销售总额/商品房销售面积,单位是元/平方米。其中横轴表示年份,
　纵轴表示房价(单位为元/平方米),数据来源于国家统计局。

可以看出,我国从 1998 年以来房地产销售价格基本呈现震荡性上涨,但是有很明显的季节性因素,即每年的 2 月份也就是春节期间是房价的高点,也是购房的高峰期。

2005 年到 2008 年初的国内住房市场热销是以往"存量需求"的释放,而不是潜在需求真正地转化为有效需求。而这种存量需求的释放又基本上依赖于银行信贷及代际的收益转移来完成的。尽管住房消费信贷创造性地扩展了年轻人的住房"存量需求"的释放,但在时效上是短期的,而且如果出现银行利息调整,经济形势变化使得个人预期收入下降,这种"存量需求"释放所暴露出的矛盾会十分尖锐。这种依赖银行信贷所释放的"存量需求"不仅可能给银行带来巨大的系统性风险,而且这种需求的脆弱性也会暴露无遗。

2. 地价与房价波动一致,租金相对平稳

房价的波动与地价以及租金的波动有什么关系呢?如果按照金融资产的定价,房价应该是未来收入的贴现,也就是租金的贴现值。而地价与房价的关系也非常复杂,地价的上涨既可以推动建房成本从而拉高房价,另一方面,地价的上涨又是因为房价的上涨而导致的。按照地租理论,土地能产出的东西更值钱了,土地也就更值钱。因此,房价与地价之间是否有因果关系呢?

我们用房地产销售价格指数来代表房价,用土地交易价格指数来代表地价,用房地产租赁价格指数来代表租金,选用 1998 年第一季度至 2008 年第三季度的同比价格数据进行推演。

从图 4－6 可以看到,长期看,房价、地价和租金都呈整体上涨趋势,其中地价和房价的波动幅度比较大,拟合比较好,而租金的变动则比较小,远远低于房价和地价的上涨水平。这也可以直观地看出,反映真实住房需求的租金价格比含有投资和投机成分的房价要低,而地价的上涨是不是推动房价上涨的原因呢?

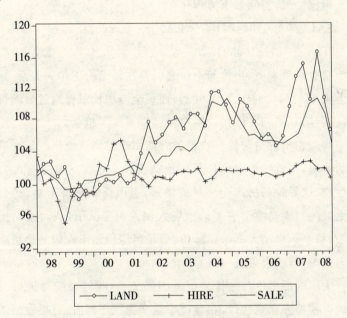

图 4 - 6　房价指数、地价指数及租赁指数变动趋势

注:房地产销售价格指数、土地交易价格指数以及房屋租赁价格指数均来自
　　国家统计局。

首先分别对其变量进行单位根检验验证序列平稳性,然后我们用房地产销售价格指数做因变量,土地交易价格指数以及房屋租赁价格指数作自变量,用最小二乘法对下列方程做估计:

$$SALE = C(1) \times LAND + C(2) \times HIRE + C(3) \quad (式 4 - 2)$$

表 4-1 房价指数、地价指数及租赁指数的相关检验结果

变量	相关系数	标准误差	T 值	概率
土地价格	0.618448	0.055790	11.08526	0.0000
租赁价格	0.220115	0.152503	1.443347	0.1567
C	16.71626	15.26061	1.095386	0.2799

根据结果,得到如下方程:

$$SALE = 0.6184484188 \times LAND + 0.2201152048 \times HIRE + 16.71625948 \quad \text{(式 4-3)}$$

检验结果表明,房价与地价之间存在显著的正相关关系,地价每上涨 1%,房价将上涨 0.62%,而租金与房价没有通过显著性检验,没有明显的相关性。说明房价已经背离了租金。

房屋租赁价格与销售价格的背离意味着资产价格与资产赢利率的背离,也意味着房地产投机泡沫正在产生。房屋只有出售才能盈利,这导致了房产交易量的增多,进而推动房价上涨,房价继续上涨的预期又吸引更多的投资人加入购房队伍,从而推动房价飚长,每个买房的人都希望涨价,但是当房价超出人们的经济承受能力的时候,就会出现"有价无市"的局面。

为了验证房价与地价之间的因果关系,我们对变量进行对数处理以使得方程式线性,在验证了是平稳性序列后,直接做格兰杰因果关系检验,得到:

表 4-2 房价同比指数与地价同比指数的格兰杰因果检验

原假设	F-Stat	Probability
地价不是房价的原因	2.25616	0.11937
房价不是地价的原因	1.06286	0.35606

由上表得知:对于地价不是房价的原因假设,拒绝犯错的概率高于 0.05,因此接受该假设,地价不是房价的原因,同理可知,房

价也不是地价的原因。

专栏 4 - 1 我国土地招拍挂政策演变史

1990 年 5 月,国务院出台《中华人民共和国城镇国有土地使用权出让和转让暂行条例》,按照所有权与使用权分离的原则,实行城镇国有土地作用权出让、转让制度。1999 年 1 月,国土资源部要求商业、豪华住宅等经营性用地进行招标、拍卖出让,土地招拍挂制度大幕开启。2004 年 8 月 31 日,国土资源部发布《关于继续开展经营性土地使用权招标拍卖挂牌出让情况》,要求各地提高拿地门槛,抑制囤地,并要求所有经营性项目用地使用权须通过招标、拍卖、挂牌的方式进行出让,我国土地供应方式由协议出让全面转向招拍挂出让,土地交易正式进入市场化时代。随后虽有全面禁止别墅用地供应,工业用地须采用招拍挂方式出让等政策出台,但土地招拍挂出让的模式并没有发生根本变化,一直沿用至今。

我国土地招拍挂政策演变

颁发日期	颁发单位	政策法规	政策重点
1990.1.9	国务院	《中华人民共和国城镇国有土地使用权出让和转让暂行条例》	土地使用权出让采取下列方式:1.协议;2.招标;3.拍卖
1999.1.27	国土资源部	《国土资源部关于进一步推行招标拍卖出让国有土地使用权的通知》	进一步扩大招标、拍卖出让国有土地使用权的范围。商业、旅游、娱乐和豪华住宅等经营性用地,有条件的,都须招标、拍卖出让国有土地使用权
2002.7.1	国土资源部	《招标拍卖挂牌出让国有土地使用权规定(国土资源部 11 号令)》	规定了国有土地使用权的招拍挂方式。

续表

2002.8.2	国土资源部 监察部	《关于严格实行经营性土地使用权招标拍卖挂牌出让的通知》	严格实行商业、旅游、娱乐和商品住宅等各类经营性土地使用权以招标、拍卖或者挂牌的方式出让。
2004.8.31	国土资源部 监察部	《关于继续开展经营性土地使用权招标拍卖挂牌出让情况》71号令	"8.31"大限,提高拿地门槛,抑制囤地;要求各地在2004年8月31日前将历史遗留问题处理完毕,此后,所有经营性项目用地须使用权招标拍卖挂牌出让制度。
2006.8.31	国务院	《关于加强土地调控有关问题的通知》	规定了工业用地必须采用招标拍卖挂牌方式出让。
2010.3.8	国土资源部	《国土资源部关于加强房地产用地供应和监管有关问题的通知》	坚持和完善土地招拍挂制度。房价过高、上涨过快的城市,市、县国土资管理部门可选择部分地块,按照政府确定的限价房项目采用竞地价办法招拍挂出让土地。

资料来源:根据国土资源部网站整理所得,网址:http://www.mlr.gov.cn/

3.二手房与房价波动趋势一致

房地产主要包括商业地产和住宅地产,一般来说,二手房市场主要服务于住宅地产,是我国房地产市场的重要组成部分,发展二手房市场有利于我国房地产有序发展。而且二手房价格因为有买卖双方的商议过程,因此比新房价格更反映实际需求。二手房的成交量越来越大,二手房市场在房地产市场中的比例和份额也越来越不可忽视。

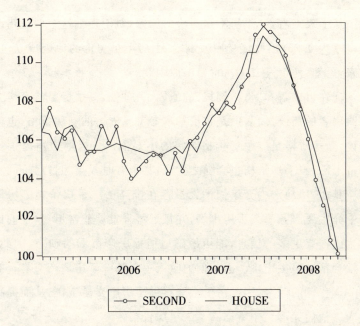

图 4-7　二手房价与房价波动图

注:此图表示二手房同比价格指数与房地产销售同比价格指数,数据均来自
　　于国家统计局。

　　我们可以看出,二手房价格的波动比房地产销售价格幅度要
大,而且在 2007 年年初之前一般都低于房地产销售价格涨幅,而
在 2008 年初的房价最高点,二手房价格涨幅却超过了房地产销售
价格涨幅。因此现在很多地方都出现了二手房与新房的"价格倒
挂"现象。对两个变量进行单位根检验后,证明序列呈单阶同整,
然后对变量进一步作格兰杰因果检验,检验结果如下:

表 4-3　房价与二手房价格的格兰杰因果检验

原假设	F-Stat	Probability
二手房价格不是房价的原因	1.44438	0.25000
房价不是二手房价格的原因	8.57784	0.00096

从上表来看,二手房不是房价的原因,对于拒绝这个假设错误的概率为 0.25,因此接受原假设,二手房不是房价的原因成立;反过来,可知,房价是二手房价格的原因。

现在可以解释"价格倒挂"的原因了:首先,二手房虽然有房主与购房者的商议过程,但是定价基本参考了周边的新房价格,也就是说,新房价格是二手房价格制定的主要依据。当周边房屋销售价格上涨,二手房价格也会随之上涨,甚至有时候会超过房价的涨幅。其次,房地产中介组织的大量存在推高了二手房价格。房地产中介主要服务于二手房市场,并且近年来发展非常迅速,他们比房主能搜集更多的信息,能更敏感地捕捉房产市场的动态,因此,通常会帮助房主定价。而他们的收入主要来源于房地产交易金额的一定比例的佣金,因此房价上涨有助于房产交易金额,从而提高收入。他们无形之中就推高了二手房价格。

4. 信贷支持助推房价上涨

中国房地产产业的快速发展主要在于国内银行体系的金融支持。1998 年以来金融对房地产业的支持,由过去单纯的企业开发贷款支持转变为对投资和销售两个方面的支持。而对个人的信贷支持成了这次房地产发展的最大动力。

由于个人住房贷款是目前国内安全性最高、盈利性最好的贷款品种,银行在预期收入理论支配下大量发放贷款,并在同业竞争的形势下,不断降低住房贷款发放标准,对借款人的弄虚作假熟视无睹甚至默契配合。1998 年中国住房制度改革把居民个人住房需求推向房地产市场,从而为商业银行扩张个人住房消费信贷提供了良好的契机。而个人住房消费信贷的迅速发展,又得益于政府用管制的方式采取超低利率政策、1998 年前后以行政力量推动公有住房的低价私有化所带来的财富效应、几十年来受到压抑的住房需求能量在房改后的集中释放、人口结构的变迁以及民众消费观念的巨大变化等诸多因素。

　　根据北京社科院最近公布的《社会发展报告》,2008年北京住宅商品房均价13000元,一套70平方米的住房价格为91万元,银行按揭首付30％即27万元以后,每月还贷约4000元。2008年居民年人均可支配收入为22690元。以北京市三口之家平均每月可支配收入为5672元,扣去4000元房贷月供,还有1700元。

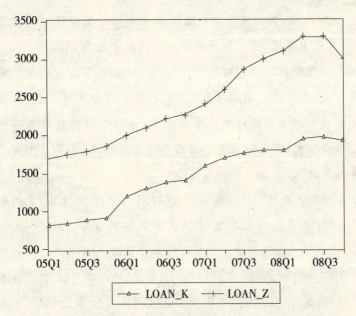

图4-8　2005年以来房地产开发贷款和个人住房贷款增长额

注:数据来源于中国人民银行网站。横轴表示季度,纵轴表示贷款增长额,为
　季末数据,单位为10亿元。其中LOAN_K(下曲线)表示房地产开发贷
　款,LOAN_Z(上曲线)表示个人住房贷款增长额。

专栏 4-2　信贷过度宽松　诱导房价飙升

信贷政策过度宽松导致炒房一般来说，房价并不是由地价决定，反而是房价决定了地价。很简单，一家房地产开发商在购买土地的时候，如果土地的拍卖价格是 100 亿元，那么，这家开发商在这块土地上建造住房后的收益要远远高于 100 亿元。如果开发商预期这个项目的收益要低于 100 亿元，他们是不会买这块地的。而土地价格的高低，当然要由未来的房价来决定。

2009 年，国内房地产市场能够在全球经济衰退中走出繁荣，其根本原因，很可能是政府为了救经济采取了前所未有的住房优惠信贷政策的结果。2009 年，随着货币政策由从紧缩变为宽松，信贷大规模增长，全年本外币信贷共增长达 10 万亿元以上。尽管银行的资本充足率、流动性及减值准备等看上去很充足，但还是推高了国内各种资产泡沫，尤其是吹大了房地产泡沫。

房地产市场价格出现全国性（特别是一、二线城市）突然飙升，这完全是过度优惠的信贷政策导致的结果。2007—2008 年，银行个人住房贷款名义基准利率分别为 7.38%、7.47%（下浮 15% 后为 6.273%、6.495%）。但是，2008 年 9 月以后，连续五次降息，银行个人住房贷款名义基准利率降到了 5.94%，下浮 30%，为 4.158%。过度的个人住房按揭贷款优惠政策，使 2009 年全国银行个人新增贷款（其中绝大部分为个人住房按揭贷款）出现超高速增长。2006—2008 年，全国银行个人新增贷款分别为

6119 亿元、11800 亿元、7010 亿元,但 2009 年 1—9 月就达到了 18000 亿元,为 2008 年的 3 倍多。

2008 年年底,个人住房贷款仅 3.49 万亿元(11 年积累),2009 年一季度个人住房贷款新增也只有 1149 亿元。到了 2009 年年底,个人住房贷款余额达到 5.3 万亿元,一年就增长近 40%。可以说,2009 年房地产市场的繁荣,完全是过度的个人住房信贷政策导致的。不少城市房价快速飙升,也完全是居民利用过度优惠的信贷政策及过高的银行金融杠杆率炒作的结果。

资料来源:易宪容、张晶:《信贷过度宽松 诱导房价飙升》,《新财经》2010 年 2 月。

从图 4-8 可以看出,个人住房贷款已经远远超过了房地产开发贷款额,在个人住房消费信贷的有力支持下,国内房地产需求迅速扩张,房价快速上涨刺激了潜在需求,但是,当银行的个人房贷创造了新的住房购买力、居民收入的当期约束对房地产价格的上涨约束大大减弱时,家庭的债务比例也随之增多,对消费存在一定的挤出作用。

5.房价与购买力失衡,房产销售增长走低

我国的房价持续走高,在部分大中城市、热点区域在 2006~2008 年间已经实现价格翻番,但是过高的房价一旦超过民众的实际购买能力,那么房产库存将得不到释放,从而导致开发商的资金流出现问题,一旦房子卖不出去,银行贷款也容易面临坏账风险。而且过高的房价也会影响人们的日常生活,虽然房价上涨会带来有房者的财富增加,但是也只有在进行买卖交易的时候才会实现财富增加;与此同时,房价上涨会削弱无房者的福利水平,增加其购买成本,对于整个社会来说,总福利并不一定会得到增加。

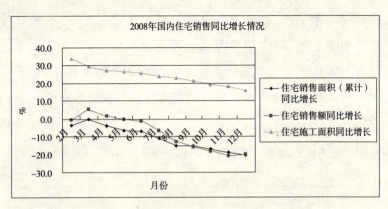

图4-9   2008年我国住宅销售同比增长情况

注:数据来源于国家统计局网站。

从图4-9可以看出,2008年以来我国住宅销售面积以及住宅销售额同比增长率呈现负增长,说明住宅销售出现了严重下滑。而住宅施工面积虽然同比增长率出现了下降,但是仍然是增加了住宅施工面积,也就是说在未来的一两年中,住宅的供应量还在增加,而销售却在减少,这反映出房地产市场的供求出现了失衡现象。这种现象在未来还将持续,销售的严重下滑,反映了有效需求的不足,或者说房产市场已经出现了有价无市的状况。

2009年3月份,全国房地产开发景气指数(简称"国房景气指数")为94.74,比2月份回落0.12点,比去年同期回落9.98点,

全国房地产开发景气指数趋势图

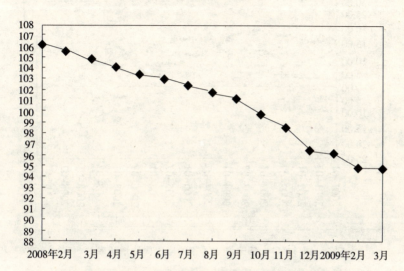

图 4 - 10　2008 年以来全国房地产开发景气指数趋势图

注:该图片引自国家统计局网站。

反映了房地产开发的整体趋势是在逐渐减少。

我国的房产销售下降,主要是因为民众对高房价失去了购买能力,或者表示了对未来房价走势的不确定性持观望态度。就像股票永远不会只涨不跌,同时具有投资和自住的房产同样也不可能持续永远上涨的神话。这次我国的房价进行调整,房产销售开始下降,也有美国次贷危机的影响。最大的影响表现在对房价未来走势的信心缺失。

可以从图 4 - 11 看到,从 2007 年 1 月开始美国出现了房价的负增长,此后 2007 年底爆发次贷危机,到 2009 年年初,房价连续下跌了一年。

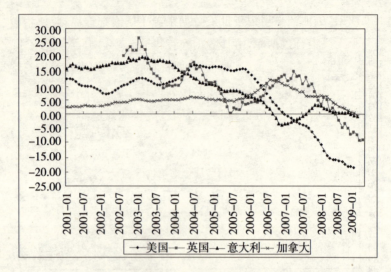

图 4-11　部分发达国家的房价同比增长率

注：该原始数据来源于 wind 资讯，Bloomberg。

　　房地产价格下跌，会产生财富缩减效应，影响消费支出，并随着股市筹资成本的上升，削弱企业的投资意愿，缩减国内需求，从而进一步降低房地产的价格，冲击金融机构资产品质。另一方面，资产价格的下跌，会影响企业的资产负债表，反映为企业净市值与资产规模的缩减，从而降低企业借款能力及加重信用紧缩，加速经济景气恶化，使得资产价格进一步下跌。

二、中国房地产价格与股票价格相关性分析

　　那我国的房地产价格与股票价格之间有没有相关性呢，或者存在因果关系吗？下面我们对房地产价格与股票价格进行相关性分析。

　　首先，选取的房地产价格用房地产平均销售价格替代，股票价格用上证指数作为代表。数据样本区间选择 1998—2008 年，均为

季度数据,房地产平均销售价格数据来源于国家统计局,股票指数来源于人民银行数据库,由日数据换算得到。

在选取了数据以后,对两个序列分别进行单位根检验,均为二阶差分平稳序列,然后再对其残差序列进行二阶差分平稳检验,也通过平稳检验。这是房价与股价之间存在长期稳定的协整关系的前提。

表 4 - 4　房价与股价的单位根检验

变量	ADF	临界值
LnHouse	−4.424035	(1%) −3.632900 (5%) −2.948404
LnShare	−8.189065	(1%) −3.600987 (5%) −2.935001
resid	−9.396102	(1%) −3.626784 (5%) −2.945842

注:房地产平均销售价格数据来源于国家统计局,股票指数来源人民银行网站,由日数据换算得到季度数据。

然后对其做协整检验,得到如下协整方程式:

$$\text{Vecm} = \text{LHOUSE} - 1.051964\ \text{LSHARE} \qquad (式 4 - 4)$$

$$(0.01548)$$

我们可以根据协整方程式知道:长期来说,房价与股价之间存在正向协整关系,股价每上涨 1%,房价会上涨 1.05%。在协整检

验后,我们进行格兰杰因果检验,看房价与股价是否存在因果关系。我们选择滞后项为 2,进行格兰杰因果检验,得到如下结果:

表 4 - 5　股价与房价的格兰杰因果检验

原假设	F-Stat	Probability
房价不是股价的原因	0.88383	0.42174
股价不是房价的原因	0.33004	0.72099

可见,对于房价不是股价的原因这一假设,拒绝犯错的概率大于 0.05,因此接受原假设,我们认为房价不是股价的原因。同理可知,股价也不是房价的原因。实证表明,股价与房价存在长期的正协整关系,但是互不为因果,某种因素引起股价上涨,也会引起房价上涨,但是两者在数据序列的统计特征上并不存在因果关系。

三、中国通货膨胀波动的经验分析

(一)中国通货膨胀波动的特征分析

1. 食品价格是影响通胀指标的主要因素

我国的 CPI 数据构成基本可以划分为两大类:非食品类与食品类。其中,食品类要素占据 CPI 的比重大约为 33.2%,而非食品类要素占据 CPI 的比重大约为 66.8%。

从历史经验来看,在我国 CPI 构成中,非食品因素变化与波动的范围非常狭窄。从经济预测和研究的主流来看,非食品要素的短期变动相对稳定,因此 CPI 的短期变动主要受到食品价格要素变动的影响。

当前 CPI 上涨仍主要是食品上涨,尤其是肉禽价格和食用油价格。从这两类物品的消费量看,肉禽类从 2006 年、粮油类从 2007 年底开始不断下降,更广的消费品零售总额(实际值),则保持相对稳定。

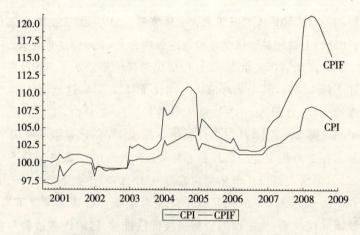

**图 4-12 2001—2008 年居民消费价格指数与
食品类价格指数波动趋势图**

注：图中 CPI 为数据来源来源于国家统计局网站。

2.流动性过剩与通货膨胀并存

过去几年,我国的流动性过剩主要流向了资产市场,其中房地产市场受其影响更为明显。我国经济在过去的十几年中,除 1993 年外,都体现为储蓄大于投资,即总供给大于总需求,通货膨胀压力始终在可接受范围内。随着居民收入和居民储蓄持续增长,在人们的消费性需求被满足之后,对投资性资产的需求也快速增长,直接驱动资产价格的普遍上升。

3.物价水平各类指标波动一致

2008 年 1 月开始,我国物价水平急剧上涨,到 2008 年 12 月开始急剧下滑,2009 年 2 月,CPI 和 PPI 同比和环比都进入负增长状态,通货紧缩压力加大。当时物价出现全面负增长,既有翘尾因素和春节因素,但更重要的是由于出口下滑带来企业去库存压力较大。这说明中国宏观经济衰退的格局已经开始从外贸领域→工业生产领域→蔓延到消费品领域,标志着金融危机对中国宏观经

济影响的深度和广度都在扩大。总体来看,上中下游价格均进入负
增长时代,上游产品价格受金融危机影响更大,下降幅度也更大。

具体来看,2009 年 1～2 月份居民消费价格总水平(CPI)累计
同比下降 0.3％,其中 2 月份当月同比下降 1.6％,这已是 CPI 增
速连续 10 个月回落,并首次进入负增长。1～2 月份,工业品出厂
价价格下降 3.9％,2 月份当月同比下降 4.47％,已连续 3 个月负
增长。在 2 月份工业品出厂价格中,生产资料出厂价格同比下降
5.72％,生活资料出厂价格同比略降 0.45％;轻工业下降 1.05,重
工业下降 7.39％。PPI 的持续下降是对全球经济持续深度下滑、
全球流动性收缩、大宗商品价格持续低位徘徊、国内产能过剩和去
库存化等国内外经济基本面的一个综合反映。

2009 年 1～2 月份,原材料、燃料、动力购进价格下降 6.19％,
2 月份当月下降 7.10％,已连续三个月负增长,特别是有色金属 2
月份降幅高达 29.7％,已连续 6 个月负增长;未来物价的走势取
决于国际和国内经济复苏的进展。在经济前景仍不明朗情况下,
物价将继续在底部徘徊,但不排除出现局部和短期的反弹。

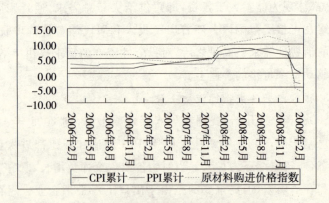

图 4-13   各类价格指数的同比增长

注:CPI、PPI 以及原材料购进价格指数数据来自于国家统计局。

(二)影响中国通货膨胀主要因素的实证分析

1.货币因素

中国近年的货币供应量增长率明显高于 GDP 增长,也大大高过于 CPI 的变动,那么根据货币数量理论,这部分货币无法解释,被称之为"迷失的货币"。

流动性过剩被消化的途径有两个:一是通货膨胀;二是资产价格上涨。表现为价格的较流动性过剩对国民经济的负面影响有两个方面:一是推高消费价格指数 CPI,造成通货膨胀压力;二是涌进资本市场,形成资产泡沫,容易引发金融市场的动荡及危机。造成流动性过剩,货币供给增多的原因主要有以下几种:

(1)货币发行

货币发行增多就是货币当局货币发行量过多,货币量增长过快,银行机构资金来源充沛,居民储蓄增加迅速,从而引发流动性过剩。从图 4-14 中可以看出,我国自 2002 年以来,货币的供给量呈逐步上升的趋势,其中 M2 的增长幅度最大。

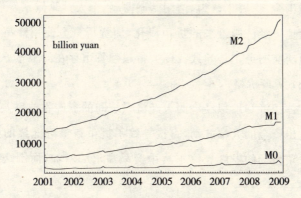

图 4-14　M0、M1、M2 的投放量趋势图

注:数据来源于人民银行网站。从上往下分别是 M2、M1、M0。单位是 10 亿元。

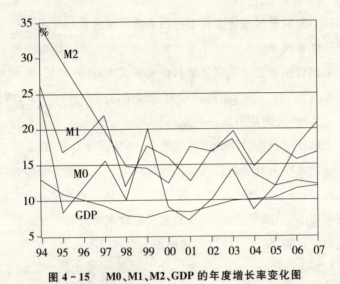

图 4 - 15　M0、M1、M2、GDP 的年度增长率变化图

注：数据来源：人民银行和国家统计局网站，图中最左边从上往下分别是：M2、M1、M0 和 GDP。

（2）货币浅化

刘士余、王辰华认为，信用基础薄弱、个人结算体系发展滞后、大规模地下经济所带来的货币浅化，即货币资金使用效率的下降和货币功能的退化是导致我国大量超额货币存在的根本原因[①]。

（3）资产价格

实体经济和虚拟经济两大经济系统间的资产收益率差异所导致的进出资金的大幅波动，直接导致了货币数量论框架的失效[②]。我国股票市场的发展导致了货币交易需求的增加，而围绕股市波

[①]　刘士余、王辰华：《中国经济货币化进程：动态演进及实证解说》，《金融研究》2005 年第 3 期。

[②]　伍超明：《货币流通速度的再认识》，《经济研究》2004 年第 9 期。

动,居民、企业和机构很大部分合法或违规资金在保证金账户进出所产生的游资进一步加剧了货币的沉淀①;伍志文、邱崇明等认为我国货币市场和股票市场上存在信贷资金套利的行为,大量货币在资本市场的集聚导致我国货币超额供应②。

　　除了股市之外,房地产市场的货币沉淀也不容忽视。房地产价格的持续上涨,使得大量货币积淀在房地产市场,而房价不反映在 CPI 中,因此造成了货币的流失。

　　还有学者认为,流动性过剩的根源在于国内净储蓄超过了投资。只有政府为市场运行提供更为有效的公共产品和服务,才能化解企业和个人防御性的净储蓄的热情③。

　　下面我们对货币供给量与 CPI 之间的关系进行实证分析。我们选取 1998～2008 的 M2 和 CPI 的季度数据,由于 M2 是累计数据,不能用同比数据作计量模型,因此我们选择 CPI 的环比数据,对其进行对数处理,在进行单阶协整后,证明序列平稳,然后进一步做相关性检验。

表 4-6　货币供给量与 CPI 的相关性检验结果

变量	相关系数	标准误差	T 值	概率
LM2	0.002499	0.000843	2.965666	0.0050
C	4.575869	0.010311	443.7704	0.0000

---

　　① 石建民:《股票市场、货币需求与总量经济:一般均衡分析》,《经济研究》2001年第 5 期。

　　② 伍志文:《"中国之谜":文献综述和一个假说》,《经济学(季刊)》2003 第 10 期;邱崇明等:《资产替代与货币政策》,《金融研究》2005 第 1 期。

　　③ 钟伟、巴曙松、高辉清:《对当前宏观经济的一些看法—兼论资产价格膨胀下的宏观调控》,《经济学动态》2007 年第 10 期。

得到回归方程：
$$\text{LCPIH\_T} = 0.002499128584 \times \text{LM2} + 4.575869321$$
（式 4-5）

实证结果表明：货币供应量与物价水平之间存在正相关关系，但是相关性不大，M2 每增长 1‰，将导致物价上涨 0.025‰。这表明货币已不是物价的主要推动因素。

2. 利率

由于我国利率并没有完全市场化，存贷款利率总是一段时间内保持不变，银行同业拆借利率相对市场化程度高一些，比较灵活而且对经济相对敏感，因此我们选取银行同业拆借 7 天利率作为利率观测指标，CPI 数据来自统计局，同业拆借利率来自人民银行网站。CPI 选取全国居民消费价格指数的同比数据，均为 1998～2008 年的季度数据。

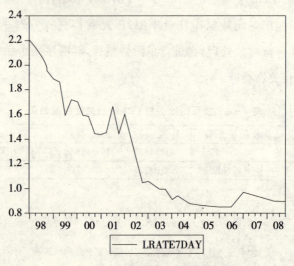

图 4-16　同业拆借利率波动图

注：数据来源于人民银行网站。

可以看出,我国同业拆借利率呈现整体下降的趋势,没有明显的周期,在 2002 年开始大幅下滑,2004～2006 年保持了一个较低的水平,从 2006 年开始,受到资产价格上涨的影响,利率开始调整、上涨,而后在 2007 年呈现下降趋势。我们做了单位根检验证明其为单阶同整平稳序列,对其作相关性检验。检验结果如下:

表 4 - 7　利率与 CPI 的相关性检验结果

变量	相关系数	标准误差	T 值	概率
利率	−0.039760	0.006585	−6.037963	0.0000
C	4.669711	0.008687	537.5675	0.0000

根据检验结果,我们得到如下回归方程式:

$$LCPI = -0.03975950325 * LRATE7DAY + 4.669711396$$

(式 4 - 6)

可以判断,利率与我国的物价水平呈负相关,利率每上调 1%,将引致物价总水平下降 0.04%,说明相关性并不大。这可能是因为我国的利率作为货币政策的重要传导机制还不是很畅通,我国通货膨胀的问题单纯依靠提高利率的紧缩货币政策可能并不能真正解决问题。

3. 汇率

在第三章中我们分析了汇率对资产价格的传导机制,总体来说,人民币升值对治理国内通胀有一定的作用,但是简单的人民币加速升值难以起到抑制中国通货膨胀的作用,一次升值到位有利于遏制进一步升值的预期,否则反而会引起国际游资的进一步流入,增加物价上涨的压力。

因为我国汇率从 2005 年 7 月开始放开,允许有管理的浮动,因此我们选取 2005 年 6 月到 2008 年 12 月的平均汇率(对美元)以及 CPI 数据作为观察对象。

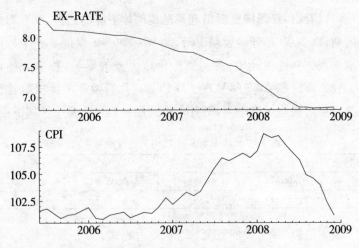

图 4 - 17　汇率与 CPI 波动图

注:汇率数据来源于人民银行,CPI 数据来源于统计局。

从上图可以简单地判断,在 2008 年之前,我国的汇率与 CPI 的变动是相反的,从 2008 年以后,呈现相同的下跌趋势。我们在验证其均为单阶同整的序列后,对其进行相关性分析,结果如下:

表 4 - 8　汇率与 CPI 的相关性检验结果

变量	相关系数	标准误差	T 值	概率
汇率	-3.828964	0.600502	-6.376276	0.0000
C	132.7572	4.579470	28.98963	0.0000

从上表可以看出,我国的汇率与 CPI 存在负相关性,而且通过显著性检验,回归方程式如下:

$$CPI = -3.828963768 \times EX - RATE + 132.757165 \quad (式 4 - 7)$$

以上方程式说明汇率与通货膨胀是呈负向关系的,汇率每下降 1%(相对美元升值),则将引起居民消费价格指数上涨 3.83%。这也映证了我国的汇率缓慢升值并不利于抑制我国的通货膨胀,相反,如果人们存在对汇率进一步升值的预期,很可能会导致资本的大量流入,从而引起外汇储备的增多,货币供应量的增加,从而增加通货膨胀压力。

4. 能源价格

能源价格对世界各国经济的影响已经日益重要,对能源的进口依存度越高,世界能源价格的上涨对国内经济的影响就越大。从 2002 年开始,世界石油价格开始急速上涨,在某种程度上也推高了世界物价水平。

下图是 1993—2008 年我国的进口原油及成品油对进口总额的占比,从中可看出,这十几年来进口原油占进口总额的比例加大了,成品油则基本保持稳定的比例。

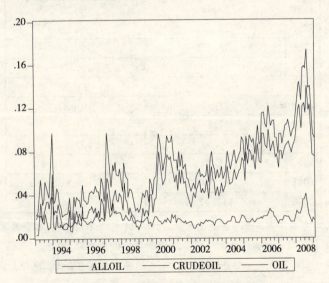

图 4-18　中国进口原油及成品油总值占进口额的比例

注:数据来源于国家统计局,图表为作者根据 EXCEL 表制作。上图中从上至下的曲线分别表示:进口原油和成品油占进口总额的占比、进口原油占进口总额的占比、成品油占进口总额的占比。

从 2002 年开始的世界原油价格上涨,在一定程度上可能会影响我国进口价格水平,但是由于我国原油占比仍然在 15% 以下,并不是我国进口商品的主要品种,也不会很大程度上影响我国的进口价格水平。2006 年年初开始,原油价格与物价水平波动的趋势呈整体上扬。

我们选取 1997—2008 年年度数据,用国际原油现货价格代表石油价格。

表 4 - 9   1997—2008 年度石油价格与 CPI 值

年份	石油价格(美元/桶)	CPI(上年＝100)
1997	19.31	102.80
1998	13.10	99.20
1999	18.18	98.60
2000	28.35	100.40
2001	24.40	100.70
2002	24.98	99.20
2003	28.89	101.20
2004	37.80	103.90
2005	53.49	101.80
2006	64.22	101.50
2007	70.93	104.80
2008	112.12	107.00

注:2008 年数据来源于路透普世电讯,为 1～11 月份平均价格;其余数据来自BP 能源统计报告。这里的国际原油现货价格是迪拜、布伦特和西得克萨斯州三地原油现货交易的平均价格。CPI 年度数据来自国家统计局。

图 4 - 19 虽然使用年度数据欠缺平滑性但是仍可以看出,原油价格从 2001 年开始呈现平稳上涨,2005—2008 年上涨速度较快,我国的物价水平则相对波动幅度较大,自 2007 年年初开始,原

油价格与物价水平波动的趋势呈整体上扬。

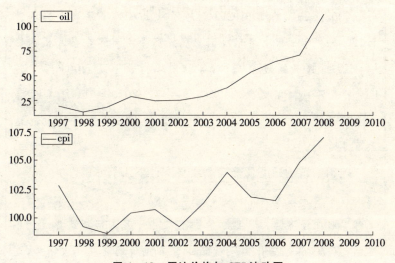

图 4 - 19　原油价格与 CPI 波动图

表 4 - 10　原油价格与 CPI 相关性检验结果

变量	相关系数	标准误差	T 值	概率
石油价格	0.070667	0.015594	4.531631	0.0011
C	98.83882	0.776431	127.2989	0.0000

得到如下回归方程式：

$$CPI = 0.07066667135 \times OIL + 98.83881866$$

（式 4 - 8）

回归结果检验通过显著性检验，并且系数为正，说明能源价格和通货膨胀存在正相关性，但是相关系数不高，为 0.07，石油价格每上涨 1%，将引起 CPI 上涨 0.07%。也说明能源价格不是导致通货膨胀的重要因素。

专栏 4 - 3　当前影响通货膨胀的主要因素

2008—2010 年我国 CPI 经历了从上涨到下跌到上涨的波动,2008—2009 年上半年我国宏观经济受到国际金融危机的影响,CPI 指数涨幅逐渐减少,甚至出现指数下跌,2009 年 7 月 CPI 指数下跌幅度减少,2009 年下半年～2010 年 11 月,CPI 指数呈震荡式上涨。2010 年 11 月,我国的 CPI 指数突破 5％,达到 5.1％。

我国当前的通货膨胀因素主要有以下几个方面:

1. 货币供给量大于需求。一直以来,我国的货币供给量增长率都以盯住经济增长速度为参考,但是由于我国信贷消费近几年猛增,虚拟货币所占比例逐渐增大,货币的流通速度大大增加,这些导致了货币供给量大于实际需求量,势必造成通货膨胀。

2. 热钱涌入。后金融危机时代,国际上很多游资进入中国寻找投资机会,对人民升值的期待,对资产价格升值的预期使得热钱不断涌入,市场流动性过剩,推高了居民消费价格。

3. 房地产价格急速上涨。我国从 2009 年 3 月开始经历了房价的急速上升,由于政府采取了一系列相关稳定房价的措施,到 2010 年上半年逐渐平稳。由于房地产价格的急速上涨,使得大量资金涌入房地产市场,储蓄逐渐转化为消费,激活了沉淀的货币,促使对货币需求增加,促进了居民消费价格的上涨。

4. 国际大宗商品价格上涨推动。美元流动性过剩导致原油等国际大宗商品价格直线飙升,使得我国进口商品成本增加,推高了出厂价,从而促成通货膨胀。

第二节 资产价格波动影响通货膨胀的 实证检验

前面的章节我们讨论了资产价格影响通货膨胀的传导机制,而且对我国近十年来的资产价格波动与通货膨胀波动情况有个大概的了解,下面我们来实证检验我国的资产价格是否影响通货膨胀。

一、相关数据的选取和处理

我国价格指数主要包括三类:同比价格指数、环比价格指数和定基价格指数。其中,同比价格指数是指报告期价格与上年同期价格水平之比,它可以消除季节变动的影响,是相隔一年的相同月份价格之比,它反映的是一年的时间段中两个端点(月份)内价格水平变化的对比情况,月同比指数存在两个缺陷,一是月同比指数由于对比的两个月份时间相距一年,不便于灵敏地反映报告期当期的物价变化动态;二是各月的月同比指数数列,有时并不能准确地用于分析物价变动趋势;环比价格指数是指报告期价格与前一时期价格水平之比,它表明价格逐期的变化情况。反映了本月与上月相比价格水平上升或下降的幅度。它不受所比较的两个月以外的价格水平的影响,可以比较灵敏地反映相邻两个月间的价格变化情况。但是月环比价格指数变化中很容易受到鲜菜、鲜果价格季节性变化的影响;定基价格指数是从 2001 年开始正式编制和公布的消费价格指数,将 2000 年价格作为固定的对比基期,各报告期(包括月、季、年,但主要是月度)价格与 2000 年对比计算出的指数。由于对比的基期固定,所以不同时期定基指数互相之间具有可比性。该指数反映了报告期价格水平相对于 2000 年价格上涨或下降的幅度。

由于我国的房地产市场从 1998 年开始商品化改革,因此我们选取 1998—2008 年的季度样本数据。我们首先采用同比数据,来验证资产价格的短期波动对通货膨胀的影响。

(一)通货膨胀指标的选取

衡量物价总水平的指标有很多,我们在导论中都有介绍,这里我们采用国际上最通用的,也是我们一直沿用来度量通货膨胀水平的居民消费价格指数 CPI。

CPI 的同比月度数据可以从国家统计局网站获取,用人民银行月报提供的 2005 年与 2006 年的定基月度数据(2000 年 1 月=100),根据月度同比价格指数 = 本年报告月定基指数÷上年同月定基指数×100,可以用反推法计算出各期的定基月度数据,再根据月度环比价格指数=报告月定基指数÷上月定基指数×100,可以得到月度环比价格指数。

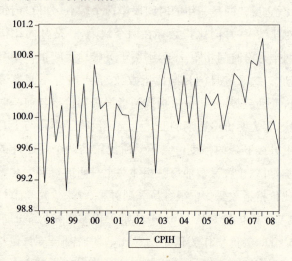

图 4-20　1998—2008 年的 CPI 季度环比指数

注:CPI 同比数据来源于国家统计局,2005~2006 年 CPI 定基数据由来源于人民银行,CPI 季度环比指数由作者换算整理。

由于月度环比价格指数容易受到季节性的因素扰动,因此我们对环比价格指数进行季节性调整,得到经季节调整的 CPI 环比月度指数(附录 1)。

然后再根据:平均季度环比 CPI 指数 $= \dfrac{\sum\limits_{t=1}^{n} CPI}{3}$,计算出 CPI 季度环比指数。

(二)房地产价格数据的选取

衡量房地产价格的指标有很多,有同比月度房地产销售价格指数,同比季度房地产销售价格指数,还有房地产累计平均销售价格,房地产月度平均销售价格等,我们选取房地产月度平均销售价格来代表房地产价格。因为这比较能真实地反映房地产价格波动。我们从中宏数据库获得房地产月度销售额和房地产月度销售面积,根据房地产月度平均销售价格＝房地产月度销售额/房地产月度

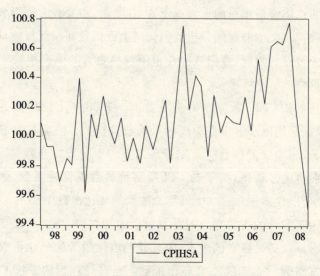

图 4-21　经季节调整的 CPI 环比指数

销售面积,计算得到房地产月度平均销售价格。

因为要统一为环比数据,因此根据房地产月度环比增长率＝(当期房价－上期房价)/上期房价×100,计算得到房地产月度环比增长率。然后再用(房地产月度环比涨跌率＋1)×100,得到房地产月度环比指数。由于我们在上节经验分析时了解到房价具有明显的季节因素,比如每年的春节都会大的上涨。因此我们有必要对房价进行季节性调整,得到经过季节调整的房价环比月度指数。

再根据 CPI 季度环比指数的计算方法,得到房价季度环比指数。

由于房价的环比数据都使用当期价格来计算,因此,我们需要剔除通货膨胀的因素;我们用房价季度环比指数/CPI 定基指数,从而得到真实的房价季度环比数据。

(三)股票价格数据的选取

反映股票价格水平的主要有股票价格指数,能比较好地反映股市的总体价格水平的上涨或下跌,在我国,主要有上证指数和深证指数。从文中前面的分析我们知道上证指数和深证指数具有很强的一致性。因此,我们选择总市值规模更大的上证指数来代表股票价格。

我们从 CEIC 数据库中获得 1998～2008 年上证指数的日数据,根据平均值法求得各季度的平均股价指数。然后根据股价涨跌幅＝(当期股价指数－上期股价指数)/上期股价指数×100 计算出股价的波动率,为了与 CPI 及房价的数据保持一致性,我们用(股价涨跌率＋1)×100,转变为股价的环比指数。

由于股价的指数采用的是权重股的加权值,当期的市场价格也没有剔除通货膨胀的因素,因此我们也用股价的环比指数/CPI 的定基指数＝真实的股价环比指数。经过处理后的季度 CPI 环比指数、房价环比指数以及股价环比指数整理如下:

表 4 - 11 季度 CPI 环比指数、房价环比指数以及股价环比指数

年·季	CPI 环比指数	房价环比指数	股价环比指数
1998Q1	100.10716	103.24052	103.04522
1998Q2	99.93165	104.81083	109.60807
1998Q3	99.93009	93.92801	89.56830
1998Q4	99.70333	93.28268	96.68591
1999Q1	99.86138	102.26409	92.46964
1999Q2	99.79442	95.49816	109.54694
1999Q3	100.39902	102.21535	130.82830
1999Q4	99.62189	100.48284	91.69402
2000Q1	100.15565	105.31173	110.84660
2000Q2	99.98662	97.97351	114.12435
2000Q3	100.28118	98.43254	107.38985
2000Q4	100.07654	100.89915	101.59735
2001Q1	99.95452	119.70590	98.01000
2001Q2	100.13622	93.30113	119.08746
2001Q3	99.82536	96.06142	81.92750
2001Q4	99.99204	98.37579	85.52005
2002Q1	99.80790	110.01557	93.72123
2002Q2	100.08359	98.46124	106.24176
2002Q3	99.91196	104.49285	107.22729
2002Q4	100.07551	102.09385	89.89844
2003Q1	100.25600	108.25824	100.95889
2003Q2	99.82599	97.74974	105.59513
2003Q3	100.23048	99.97394	94.79063
2003Q4	100.76252	100.97935	97.48789
2004Q1	100.18589	108.27524	119.14271
2004Q2	100.42532	101.00338	93.02961
2004Q3	100.34266	101.99309	87.66613
2004Q4	99.85464	99.91023	96.20288
2005Q1	100.28785	114.07307	95.74664
2005Q2	100.02470	98.47328	92.14953
2005Q3	100.14508	109.14834	102.52194

续表

2005Q4	100.10063	106.11435	101.01938
2006Q1	100.08009	106.24723	113.84454
2006Q2	100.28447	99.28722	121.08164
2006Q3	100.04565	99.95578	108.07804
2006Q4	100.53618	98.95135	121.47451
2007Q1	100.22568	116.98782	140.61115
2007Q2	100.61453	92.56893	132.45354
2007Q3	100.64837	101.14543	120.76170
2007Q4	100.62837	99.95331	112.07989
2008Q1	100.78258	103.91192	83.51313
2008Q2	100.23565	97.58062	74.57715
2008Q3	99.87921	101.24350	76.39591
2008Q4	99.50625	99.12544	77.35055

注:股指日数据来源于 CEIC 数据库,房价及 CPI 原始数据均来自于国家统计局,经过换算处理得到上表,具体换算方法参见上文数据的选择。

假设 CPI 是关于房价和股价的函数,

$$\pi = f(S, H)$$

其中,π、S、H 分别表示 CPI、股价指数和房价指数。为了线性化变量之间的关系,先对各月度价格指数变量取对数,得到:

$$\ln\pi = \alpha + \beta \ln s + \gamma \ln h \qquad (式 4-9)$$

$\ln\pi$、$\ln s$、$\ln h$ 对应的数据表中的名称分别是 LnCPI、LnHouse、LnShare。

表 4-12　CPI、房价、股价对数

年·季	LnCPI	LnHouse	LnShare
1998Q1	4.60624	4.63706	4.63517
1998Q2	4.60449	4.65216	4.69691
1998Q3	4.60447	4.54253	4.49500
1998Q4	4.60220	4.53563	4.57147

续表

1999Q1	4.60378	4.62756	4.52688
1999Q2	4.60311	4.55911	4.69635
1999Q3	4.60915	4.62708	4.87389
1999Q4	4.60138	4.60999	4.51846
2000Q1	4.60673	4.65692	4.70815
2000Q2	4.60504	4.58470	4.73729
2000Q3	4.60798	4.58937	4.67647
2000Q4	4.60594	4.61412	4.62102
2001Q1	4.60472	4.78504	4.58507
2001Q2	4.60653	4.53583	4.77986
2001Q3	4.60342	4.56499	4.40583
2001Q4	4.60509	4.58879	4.44875
2002Q1	4.60325	4.70062	4.54032
2002Q2	4.60601	4.58966	4.66572
2002Q3	4.60429	4.64912	4.67495
2002Q4	4.60593	4.62589	4.49868
2003Q1	4.60773	4.68452	4.61471
2003Q2	4.60343	4.58241	4.65961
2003Q3	4.60747	4.60491	4.55167
2003Q4	4.61277	4.61492	4.57973
2004Q1	4.60703	4.68468	4.78032
2004Q2	4.60941	4.61515	4.53292
2004Q3	4.60859	4.62491	4.47354
2004Q4	4.60372	4.60427	4.56646
2005Q1	4.60804	4.73684	4.56171
2005Q2	4.60542	4.58979	4.52341
2005Q3	4.60662	4.69271	4.63008
2005Q4	4.60618	4.66452	4.61531
2006Q1	4.60597	4.66577	4.73483
2006Q2	4.60801	4.59802	4.79647
2006Q3	4.60563	4.60473	4.68285
2006Q4	4.61052	4.59463	4.79970

续表

2007Q1	4.60742	4.76207	4.94600
2007Q2	4.61130	4.52795	4.88623
2007Q3	4.61163	4.61656	4.79382
2007Q4	4.61143	4.60470	4.71921
2008Q1	4.61297	4.64354	4.42500
2008Q2	4.60752	4.58068	4.31183
2008Q3	4.60396	4.61753	4.33593
2008Q4	4.60022	4.59639	4.34835

二、房价、股价与 CPI 环比指数的实证检验

(一)房价、股价与 CPI 的协整检验

在利用多个宏观经济变量建立经济计量模型时，为了避免产生伪回归，需要对各个变量作单位根检验，确定各变量的单整阶数。只有同阶的单整变量且彼此之间存在协整关系，才能建立起合理的计量模型。作为通货膨胀代理变量的居民消费价格指数也需要进行单位根检验。我们用 Eviews5.0 软件分别对 LnCPI、LnHouse、LnShare 进行单位根检验，得到表 4-13。

表 4-13　房价指数、股价指数与 CPI 指数的单位根检验

变量	ADF	临界值	ADFd	临界值
CPI	−2.451356	(1%) −3.59661 (5%) −2.933158	−12.04290	(1%) −3.600987 (5%) −2.935001
房价	−2.687947	(1%) −3.610453 (5%) −2.938987	−10.44561	(1%) −3.610453 (5%) −2.938987

续表

		(1%)		(1%)
股价	−3.408139	−3.596616	−8.140258	−3.600987
		(5%)		(5%)
		−2.933158		−2.935001

注:1%和5%分别表示1%和5%置信水平下的临界值;ADFd 表示变量的一阶差分的 ADF 统计量检验值。

　　将各序列的 ADF 检验统计量与相应的临界值比较,可以看出,原序列 LnCPI、LnHouse、LnShare 都是非平稳序列,而一阶差分序列均平稳,因此 LnCPI、LnHouse、LnShare 为一阶单整序列。一般来讲,多数经济时间序列都是非平稳的。表面上看,非平稳经济变量之间似乎不应存在任何均衡关系,但事实上若干个非平稳时间序列的某种线性组合却有可能是平稳序列,则称这些序列具有协整性。实际上,协整是通过统计语言揭示变量之间的一种长期稳定的均衡关系,其经济含义在于,尽管各经济变量具有各自的波动规律,但如果存在协整关系,则它们之间就存在一种长期稳定的比例关系。而且从长期来看,各经济变量将围绕这种长期趋势上下波动,从而表明经济系统具有自我调节、自我修复的功能。LnCPI、LnHouse、LnShare 为一阶单整序列,因此可以对这些序列作协整检验。协整检验结果如下表所示。从协整检验结果来看,我们能够以 99% 的置信水平确定 LnCPI、LnHouse、LnShare 之间存在一个协整关系。

　　根据标准化协整系数结果,可以写出一个协整数学表达式,并令其等于 VECM:

$$Vecm = LnCPI - 0.088367\ LnHouse - 0.017728\ LnShare$$

(式 4 - 10)

$$(0.01752) \qquad (0.00504)$$

Log likelihood=281.3834

表 4 – 14　变量之间的 Johansen 协整检验结果

Hypothesized No. of CE(s)	Eigenvalue	Trace Statistic	0.05 Critical Value	Prob.
None	0.534423	61.07146	29.79707	0.0000
At most 1	0.392306	28.96343	35.49471	0.1003
At most 2	0.174298	8.043901	13.841466	0.1456

从协整方程来看,各变量之间的系数显著不为零,说明这三个变量之间存在长期均衡关系。从协整方程的符号来看,房价和 CPI 之间存在正向协整关系,即 CPI 会随着房价的上涨而上涨,随着房价的下降而下降;股价和 CPI 之间也存在正向协整关系,即 CPI 会随着股价的上涨而上涨,随着股价的下降而下降。从协整方程系数大小来看,房价对 CPI 的影响力大于股价,即房价每上涨 1%,将导致 CPI 环比增长 0.089%,而股价每上涨 1%,将导致 CPI 环比增长 0.018%。

（二）房价、股价与 CPI 格兰杰因果检验

在进行协整检验后,我们进行格兰杰因果检验。格兰杰因果关系检验法是美国计量经济学家格兰杰(C. W. J Granger)于 1969 年提出,后由 Hendry、Richard 等人发展起来的一种检验方法。它的基本思想是如果"X 是引起 Y 的原因",那么 X 的变化应该发生在 Y 的变化之前。也就是说,X 应该有助于预测 Y,即在 Y 关于 Y 的滞后值的回归中,添加 X 的滞后值作为独立变量应该显著地增加回归的解释能力。我们对所有实证变量进行因果检验。

表 4 - 15　实证变量因果检验结果

原假设	F-Stat	Probability
房价不是 CPI 的原因	0.17045	0.84394
CPI 不是房价的原因	0.25043	0.77978
股价不是 CPI 的原因	7.67137	0.00163
CPI 不是股价的原因	1.49880	0.23665

可以看出，对于房价不是 CPI 的格兰杰原因假设，拒绝犯错的概率很高，为 0.84394，因此接受原假设，即房价环比指数不是 CPI 环比指数的格兰杰原因，也就是说房价的环比上涨并不是引起 CPI 环比上涨的原因。类似的我们能得到：股票环比上涨是引起 CPI 环比上涨的原因。

（三）股价对 CPI 的脉冲效应

格兰杰因果检验证实了货币政策各变量对实体经济变量之间存在一定因果联系，但它无法提供有关央行票据这一货币政策操作工具的相对重要性，以及这种重要性的动态特征的基本信息。引入脉冲响应函数和方差分解技术将有助于该问题的解决。脉冲响应函数用来描述系统对某个内生变量的冲击或新生所做出的反应；而方差分解则是将这种反应也就是预测均方误差分解成系统中各个变量所做冲击的贡献。因此，脉冲响应函数和方差分解技术的结果是相互对应和互为补充的。

由于股价环比指数是 CPI 环比指数的格兰杰原因，只有具备计量上的因果关系才有做脉冲响应的意义，因此我们在脉冲响应图中只需要观察股价环比指数对 CPI 环比指数的脉冲效应图，位于图 4 - 22 左下角。如图所示，来自 LnShare 的一个标准差信息冲击，Lncpi 在第一期没有反应，第二期出现正反应，逐步增大，在第三期达到最大,而后逐步下降,到第四期降至零。而后又平缓上升和下降,并在第七期稳定。

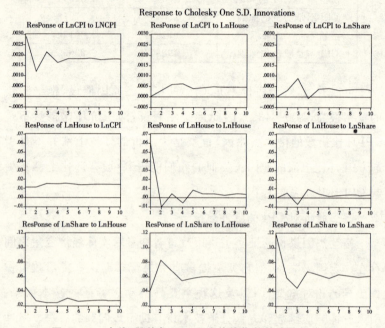

图 4 - 22   房价、股价与 CPI 环比价格指数的脉冲相应图

实证结果表明:在样本区间内,1998~2008 年间,房价环比指数、股价环比指数和 CPI 的环比指数之间存在长期均衡的关系,但是房价的环比指数不是 CPI 的环比指数的格兰杰原因,而股价的环比指数是 CPI 的环比指数格兰杰原因,但是影响的系数很小,为 0.017728。股价对 CPI 在第三期也就是 9 个月的时候影响最大,这也反映了股价作用的滞后性。

虽然实证结果表明:房价环比指数不是 CPI 环比指数的原因,这并不代表房价与 CPI 之间没有必然联系,原因可能有几个:

第一,环比数据本身有难以避免的缺陷,环比数据比同比数据更具有连续性,能反映短期的价格波动,但是容易受季节性因素的扰动,虽然进行了季节性调整,可是仍然可以看出时间序列并不平稳,频繁波动导致了数据之间的相关性减弱。尤其房价本身就有季节性因素,比如每年的春节后都是房产销售高峰期,房价也显示为一年内的高点;另外,五一、十一等假期因素也影响房产销售和房价;第二,房价对 CPI 的影响有滞后性,因此,短期波动无法反映真实的影响。

股票资产因为具有比房产更强的流动性,而且股票价格也由市场总供求来决定,虽然有大量的投机行为,非理性投资行为存在,但是总体来说,随着机构投资者比例的增多,以及人们对金融市场和实体经济之间的了解逐渐增多,股票市场对实体经济的敏感度和相关性在增加。

三、房价与 CPI 同比指数的实证检验

从以上的实证分析中,我们得出虽然房价环比指数与 CPI 之间存在长期稳定的协整关系,但是却没有因果关系。我们知道如果序列波动性很大的话可能造成格兰杰因果关系的失真,下图是经过季节调整的房价环比指数,取对数后的序列波动图。

可以通过和前面的 CPI 环比指数变动图比较,知道房价的波动与 CPI 的波动都是比较容易受到季节性因素干扰的,因此,可能同比数据更能真实反映房价与 CPI 之间的关系。而且两者都是同比价格指数,也消除了计量上可能出现的单位不一致的问题。

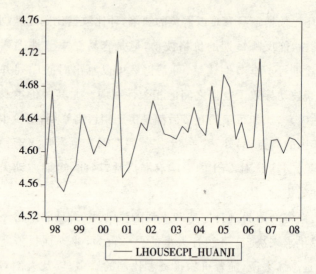

图 4-23 经季节调整的房价环比指数图

注:横轴表示时间,纵轴表示经过季节调整的房价环比指数。

表 4-16 房价同比价格指数与 CPI 同比价格指数

年·季	CPI (上年同期=100)	房地产价格指数 (上年同期=100)
1998Q1	100.03	101.30
1998Q2	99.13	102.10
1998Q3	98.57	101.30
1998Q4	98.90	101.00
1999Q1	98.57	99.70
1999Q2	97.83	99.60
1999Q3	98.83	99.90
1999Q4	99.17	100.70
2000Q1	100.10	100.70
2000Q2	100.10	101.10
2000Q3	100.27	101.50
2000Q4	100.93	101.20
2001Q1	101.40	101.90

续表

2001Q2	100.47	102.50
2001Q3	99.37	102.70
2001Q4	100.20	101.80
2002Q1	99.40	104.30
2002Q2	98.93	102.80
2002Q3	99.23	104.00
2002Q4	99.37	103.50
2003Q1	100.50	104.80
2003Q2	100.67	105.00
2003Q3	100.83	104.10
2003Q4	102.67	105.10
2004Q1	102.77	107.70
2004Q2	104.40	109.10
2004Q3	105.27	109.90
2004Q4	103.17	110.80
2005Q1	102.83	109.80
2005Q2	101.73	108.00
2005Q3	101.33	106.10
2005Q4	101.37	106.50
2006Q1	101.20	105.50
2006Q2	101.37	105.70
2006Q3	101.27	105.50
2006Q4	102.03	105.30
102.73	105.60	
2007Q2	103.60	106.30
2007Q3	106.10	108.20

注：数据来源：CPI环比数据根据统计局公布的同比数据，以及人民银行公布的 2005～2006 年月度定基指数（以 2000 年 1 月为 100），换算得到。房价同比数据来自统计局网站。

在不改变变量经济学意义的情况下简化计量方程式，对变量分别取对数后，作比较图（图 4 - 24）。

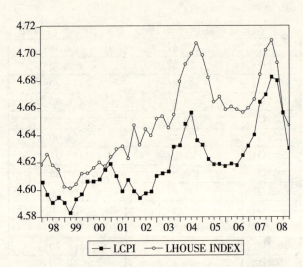

图 4-24　CPI 同比指数与房价同比指数的趋势图

注：上图横轴表示年份，纵轴代表指数值。上曲线代表房价同比指数，下曲线代表 CPI 同比指数。

从上图我们可以清楚地看出，房价与 CPI 的趋势相对平滑，而且波动浮动在 2003 年后比较一致，房价同比指数上涨和下跌幅度要高于 CPI 的涨跌幅。

首先对变量做单位根检验来验证平稳性，得到如下结果：

表 4-17　CPI 与房价同比指数的单位根检验

变量	ADF	临界值
lncpit	−3.954682	(1%) −3.596616 (5%) −2.933158
lnhouset	−4.863479	(1%) −3.596616 (5%) −2.933158

可见,两个序列都通过平稳检验,我们对其进行最小二乘法对其进行估计,估计方程为:

LCPI＝C(1)×LHOUSEINDEX＋C(2)　　　(式 4－11)

表 4－18　CPI 同比指数与房价同比指数的相关性检验结果

变量	相关系数	标准误差	T 值	概率
房价同比	0.661877	0.066993	9.879723	0.0000
C	1.542421	0.311507	4.951479	0.0000

根据估计结果,我们得到如下方程:

LCPI＝0.6618767104×LHOUSEINDEX＋1.542420778

(式 4－12)

这说明房价同比数据与 CPI 同比数据之间存在明显的正相关性,房价同比指数每上涨 1％,将引致 CPI 上涨 0.662％。

由于本身是平稳数列,我们直接对其进行格兰杰因果检验,滞后四期的结果如下:

表 4－19　CPI 同比指数与房价同比指数的格兰杰因果检验结果

原假设	F-Stat	Probability
房价同比指数是 CPI 同比指数的原因	2.81672	0.04201
CPI 同比指数是房 价同比指数的原因	2.70863	0.04814

由此可以判断,房价同比指数是推动 CPI 同比指数上涨的原因,而且反过来也成立。说明人们在物价上涨的时候,认为买房是用来抵御通货膨胀的有效手段之一,从而推动房价高涨;另一方面,物价上涨,房产开发商的建房成本增加,从而体现在房价的上涨上。

　　下面我们通过脉冲相应图来看看房价同比指数对 CPI 的影响时滞性有多大。

　　根据格兰杰因果检验,房价同比指数是推动 CPI 同比指数上涨的原因,因此在图 4-25 中我们只需要观察房价同比指数对推动 CPI 同比指数上涨的脉冲响应图(位于右上角的小图)。从脉冲响应图可以看出,CPI 对于房价的波动在初期没有反应,后来逐渐增大,在第五期的时候达到最大,而后平缓下降,大约第十期趋于平稳。而房价对于 CPI 的变动在初期就有反应,然后逐渐增大,在第三期到达高点,而后影响逐渐减弱,在第 8 期为 0,然后呈现负效应。

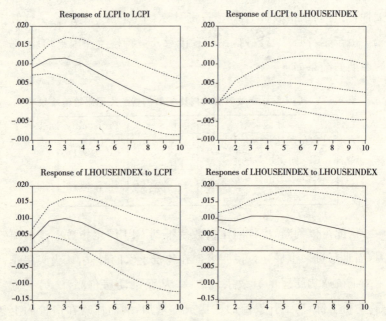

图 4-25　房价同比指数与 CPI 同比指数之间的脉冲响应图

脉冲的结果告诉我们：房价波动后，反映在 CPI 指数上的变动有一定的时滞性，在第五期也就是大约 15 个月左右达到最大，而后趋于平缓。而当 CPI 发生变动的时候，人们会比较及时地调整自己的资产组合，由于股市的波动性更大，而且存在通货膨胀幻觉，通货膨胀率不是人们购买和出售股票的主要原因，但是人们却可能会采取购买房产用来抵御通货膨胀，从而影响房产价格。

尽管房价同比指数更能反映对 CPI 的影响，但是房价对 CPI 存在非对称影响，也就是说在不同的阶段，房价对于 CPI 的影响作用可能是不一样的。一是房价上涨对 CPI 在有的阶段是正向作用，而有的时候是负向作用，因此长时期并不存在稳定的一致性。因此，以前我国的高资产价格膨胀通常是在低物价水平的情况下发生的，但是因为"货币激活效应"，人们的资产替代行为频繁发生，会导致高资产价格与高物价水平同时存在的现象。而且房价上涨对 CPI 的推动影响要大于房价下跌对 CPI 的拉低影响。另外一个重要的原因就是，房价本身具有一定的黏性，在我国房产市场，房价没有有效的形成机制，新销售房屋基本由房地产开发商垄断制定，购买者没有商议价格的余地，在房地产开发商还能继续获得信贷支持、资金链不断的情况下，即使房屋销售量下降，也会采取坚持不降价的措施，以防止购房者信心下滑而导致房价持续下降。

第五章 资产价格波动影响通货膨胀的启示

第一节 考虑资产价格的货币政策

既然资产价格波动对通货膨胀有着不可忽视的影响,那我们就应该关注资产价格波动对宏观经济的影响,货币政策也应当纳入资产价格作为目标变量之一。

一、对货币政策的检验

货币政策的操作性选择,主要为"相机抉择"和"货币规则"两种类别。我国实行的还是相机抉择,即根据宏观经济的需要适时调整中介目标。货币规则则是指工具变量根据目标变量进行调整。具体形式主要有:货币数量规则、泰勒规则、麦卡勒姆规则和通货膨胀目标规则等。

对货币规则的研究在国外由来已久,由于金融市场的快速发展,西方国家的货币政策操作模式已经发生相应转变,逐渐摒弃货币总量或汇率作为中间目标的传统做法,而开始更关注于通货膨胀。通货膨胀目标制度,通常是将价格稳定规定为货币政策的首要目标。货币政策规则的历史演变如表 5-1。

研究最优货币政策一般着眼两个方面:一种是理论最优货币政策规则,即利用中央银行的损失函数和根据宏观经济的各种约束条件来分析中央银行的最优化操作,从而找出最优货币政策或工具的规则;另一种是外生设定货币政策规则也称作货币政策反应函数,即直接外生设定货币政策当局承诺的货币政策工具对与货币政策目标密切相关的主要经济变量做出反应的货币政策规则。

表 5 - 1 货币政策规则的历史演变

产生年份	规则名称	主要内容	特 点
1875	金铸币流通规则	在任何时候通货都可以兑换成黄金,一般物价水平和金价保持均衡。	只要金价稳定,比较容易控制通货膨胀。
1920	费雪—补偿美元规则	通货可以和金兑换,但是黄金的价值是通过实际条款固定的。	总价格水平对金价的波动不敏感。
1933	狭义银行规则	银行必须保持100%的储备。	减少金融系统的不稳定。
1945	费雪—西蒙斯价格水平规则	人均货币存量报纸不变和价格稳定规则。	容易引起实际GDP的波动。
1960	固定货币增长率规则	坚持货币量按照常数增长。	解决了货币工具时机错选的问题,但是货币流通速度不变的假设不符合实际。

1983	名义 GNP 目标规则	以名义 GNP 作为货币政策的目标。	
1988	麦克勒姆—梅茨勒基础货币规则	基础货币是通货和储备的总和,货币政策执行以名义收入为预定目标,以基础货币规则进行操作。	基础货币变量不稳定。
1993	泰勒规则	中央银行应该根据三个变量来调整实际利率:当期产出缺口、当期通胀与目标水平的偏差、均衡实际利率。	能较好地为货币政策操作提供参考,但规则参考值具有不确定性。
1996	通货膨胀目标制	用条件通胀预期作为货币政策中介变量。	公开宣布正式量化的通胀目标或范围。

　　虽然我国还是主要以货币供给量为调控目标,但是根据前面的分析,以及学者的研究,货币供应量已经不是有效的调控目标。我国存在"迷失的货币",在 M2/GDP 持续走高的时候,并不能反映在物价水平的上涨上。从国际的经验来看,利率越来越成为取代货币供应量的目标工具。我国的货币政策调控工具主要有利率和存款准备金比例调整。

　　总体来说,利率政策对经济的整体影响要大于存款准备金政策,也是央行最常用的调控手段之一。接下来我们首先对我国以往的利率政策进行检验,看我国利率主要关注的是通货膨胀、产出缺口还是资产价格。

(一)潜在产出值估计

选取能够比较充分反映资金供求信息的七天同业拆借利率作为货币政策工具的代理变量。这里的通货膨胀率用 CPI 来衡量,数据均来自 CEIC 数据库。泰勒规则中的产出是实际 GDP 与潜在 GDP 的偏离,为此,检验之前首先要求出潜在 GDP。这里用线性趋势来估计潜在 GDP。

潜在产出一般指一国在资源最优配置下的总供给[①]。萨缪尔森等认为潜在经济增长率是一个国家可持续的最大的国民产出水平,即当一个国家的失业率处于非加速通货膨胀失业率的基准水平时,一国的经济增长率就是潜在经济增长率[②]。

许召元将潜在产出归纳为两类定义,第一类定义是以凯恩斯的理论为基础的,即经济波动主要是由于总需求不足造成的,而总供给是比较稳定的,由于总需求不足,经济中的各种资源不能充分利用,特别是失业率持续高于自然失业率水平。与之相对应,潜在产出是指当经济中各种投入要素达到充分利用时的产出水平,其估算方法也多以总量的生产函数为基础。第二类定义是以新古典理论为基础的,即认为宏观经济周期往往是由于真实的技术冲击而引起的,这些真实的技术冲击不仅决定了长期的经济均衡,在很大程度上也决定了经济在短期内的产量波动。因此,度量潜在产

[①] 李晓西等:《中国潜在 GDP 的估算,中国货币与财政政策效果评析》,人民出版社 2007 年版,第 415～426 页。

[②] 保罗·萨缪尔森、威廉·诺德豪斯著,萧琛译:《宏观经济学》,华夏出版社 2001 年版,第 200 页。

出主要是利用各种滤波方法,来去除实际产出的偶然波动成分。潜在产出是给定当时实际约束条件,在不引起通货膨胀率改变(变大或变小)的条件下经济所能实现的产出。计算潜在产出的简便方法便是将取对数后的实际产出对常数项和时间趋势进行回归,残差即为平稳的周期成分[①]。

　　由于 GDP 存在季节性因素,因此要得到真实的 GDP,还应该剔除 GDP 的季节性因素。用 X11(Historal)方法对 GDP 进行季节调整,定义为 GDPSA。

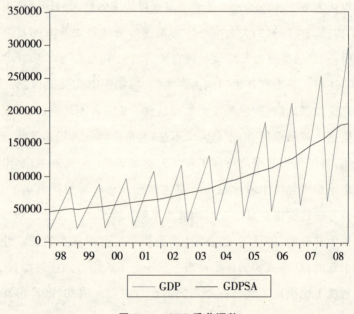

图 5-1　GDP 季节调整

---

　　① 许召元:《中国的潜在产出、产出缺口及产量—通货膨胀交替关系——基于"Kalman 滤波"方法的研究》,《数量经济技术经济研究》,2005 年第 12 期。

　　从图 5-1 可以看出,经过季节调整的 GDP 已经剔除了季节波动的因素,能够比较好地反映出 GDP 的趋势。用经过季节调整的 GDP 序列,分别除以 CPI 数列,得到实际 GDP 序列。

　　对潜在产出的估计有:线性趋势法、HP 滤波法、BP 滤波法以及状态空间-卡尔曼滤波法等。我这里采用 HP 滤波法,该方法是 1997 年由 Hodrick 和 Prescott 用来分析美国战后经济景气情况时提出的,是一种时间序列在状态空间的分解方法,相当于极小化波动方差。

　　HP 滤波法将序列分成含有趋势成分和波动成分的时间序列,HP 滤波法能很好地拟合实际 GDP。我们首先对真实 GDP 序列(图中为 REALGDP 序列)进行 HP 滤波法分解。

　　从图 5-2 可以基本得到理想的拟合度。我们得到潜在 GDP 序

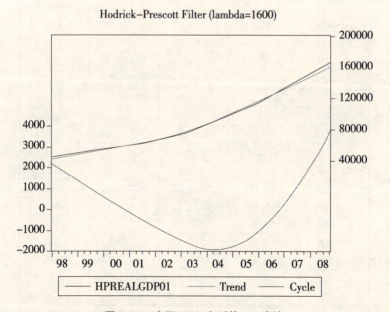

图 5-2　实际 GDP 序列的 HP 滤波

列,用潜在 GDP 数列减去实际 GDP 序列,得到产出缺口序列。产出单位均为亿元。

表 5 - 2 潜在产出与产出缺口值

年·季	CPI	实际产出	潜在产出	产出缺口
1998Q1	100.03	46372.31	42810.36	−3561.95
1998Q2	99.13	48567.36	44207.45	−4359.90
1998Q3	98.57	49837.23	45605.86	−4231.37
1998Q4	98.90	50895.07	47008.12	−3886.94
1999Q1	98.57	50475.04	48417.85	−2057.19
1999Q2	97.83	52282.78	49839.62	−2443.16
1999Q3	98.83	52999.95	51278.84	−1721.11
1999Q4	99.17	53964.44	52741.65	−1222.78
2000Q1	100.10	54477.16	54234.79	−242.36
2000Q2	100.10	56483.84	55765.48	−718.36
2000Q3	100.27	57902.09	57341.29	−560.81
2000Q4	100.93	58742.03	58970.06	228.03
2001Q1	101.40	60452.88	60659.76	206.87
2001Q2	100.47	62891.77	62418.37	−473.41
2001Q3	99.37	65039.39	64253.78	−785.61
2001Q4	100.20	65530.31	66173.68	643.37
2002Q1	99.40	66793.66	68185.45	1391.80
2002Q2	98.93	69486.17	70296.04	809.87
2002Q3	99.23	71359.84	72511.85	1152.01
2002Q4	99.37	72653.02	74838.65	2185.63
2003Q1	100.50	74741.05	77281.45	2540.40
2003Q2	100.67	76474.18	79844.43	3370.24
2003Q3	100.83	78962.10	82530.82	3568.72
2003Q4	102.67	79513.22	85342.84	5829.62
2004Q1	102.77	84188.84	88281.63	4092.79
2004Q2	104.40	86514.94	91347.19	4832.25
2004Q3	105.27	89229.12	94538.36	5309.24
2004Q4	103.17	93256.08	97852.79	4596.71

续表

2005Q1	102.83	97391.65	101286.96	3895.31
2005Q2	101.73	102429.40	104836.22	2406.78
2005Q3	101.33	106367.60	108494.80	2127.19
2005Q4	101.37	109237.20	112255.95	3018.75
2006Q1	101.20	112781.10	116111.99	3330.86
2006Q2	101.37	117960.00	120054.45	2094.44
2006Q3	101.27	122333.40	124074.20	1740.81
2006Q4	102.03	125101.40	128161.67	3060.30
2007Q1	102.73	132491.10	132307.00	−184.10
2007Q2	103.60	138486.90	136500.27	−1986.60
2007Q3	106.10	141043.10	140731.75	−311.30
2007Q4	106.63	145322.90	144992.17	−330.77
2008Q1	108.03	150638.90	149272.99	−1365.91
2008Q2	107.77	159396.20	153566.74	−5829.44
2008Q3	105.27	169618.90	157867.28	−11751.60
2008Q4	102.54	176577.50	162170.21	−14407.33

(二)资产价格因子的计算

我们试图构建一个反映房地产价格波动与股票价格波动的"资产价格因子",资产价格因子由房价和股价波动的加权值表示,其中房价的权重用当季房地产销售额/(当季房地产销售额+当季股票成交额)来计算,股价权重用(1-房价权重)表示。因为股票成交额和房地产销售额都有季节波动因素,因此进行季节性调整后,得到表 5-3 的数据。

表 5-3　1998～2008 年房地产销售额与股票成交额季度数据

(单位:百万元)

年·季	房地产销售额	股票成交额
1998Q1	42630.49	572998.85
1998Q2	60319.80	639835.95

1998Q3	57697.49	532752.22
1998Q4	51832.26	589268.90
1999Q1	49835.79	363324.98
1999Q2	56636.89	947631.72
1999Q3	61495.71	1179353.92
1999Q4	74224.72	469168.87
2000Q1	74032.03	2249221.75
2000Q2	79436.39	1149283.08
2000Q3	85235.38	1561033.80
2000Q4	97480.08	1403978.85
2001Q1	105685.84	1099688.74
2001Q2	105944.52	1094251.27
2001Q3	108415.44	808160.87
2001Q4	125009.71	759394.76
2002Q1	117554.01	808760.23
2002Q2	130173.11	684292.83
2002Q3	150164.36	716144.83
2002Q4	152815.12	587630.06
2003Q1	171071.17	652031.86
2003Q2	176955.35	893385.43
2003Q3	195976.08	605927.68
2003Q4	204901.37	1074110.42
2004Q1	235987.11	1603438.13
2004Q2	234893.50	755663.56
2004Q3	236746.23	920398.17
2004Q4	294014.84	1001773.74
2005Q1	303829.11	655299.54
2005Q2	264260.02	591437.21
2005Q3	830363.99	1179266.95
2005Q4	395627.22	829854.81
2006Q1	592555.63	1124235.12
2006Q2	556803.50	2089220.31

续表

2006Q3	472293.96	2136952.11
2006Q4	497266.87	4155490.00
2007Q1	725073.56	7683442.09
2007Q2	744574.43	12399128.99
2007Q3	835979.20	14107783.29
2007Q4	694206.54	11664082.06
2008Q1	719302.85	10089696.28
2008Q2	689895.79	5447524.33
2008Q3	572291.57	4958124.80
2008Q4	532962.71	6734969.06

数据来源：房地产销售额来自国家统计局，股票成交额来自人民银行，作者计算整理。

然后用房价和股票分别进行加权计算得到资产价格因子波动率，如下表：

表 5-4 计算的资产价格因子值
（%）

年·季	资产价格因子
1998Q1	4.3694
1998Q2	11.1667
1998Q3	−7.7610
1998Q4	−1.5006
1999Q1	−5.7742
1999Q2	7.9952
1999Q3	27.4973
1999Q4	−8.0805
2000Q1	11.2028
2000Q2	13.4759
2000Q3	7.2174
2000Q4	1.5185
2001Q1	−0.0719

2001Q2	17.3198
2001Q3	−15.8701
2001Q4	−12.6144
2002Q1	−5.8033
2002Q2	1.9958
2002Q3	3.6915
2002Q4	−9.5921
2003Q1	2.0629
2003Q2	3.9729
2003Q3	−4.5735
2003Q4	−2.8163
2004Q1	17.4345
2004Q2	−4.0155
2004Q3	−9.0401
2004Q4	−3.0884
2005Q1	−0.1304
2005Q2	−8.0718
2005Q3	2.7025
2005Q4	0.7672
2006Q1	10.6986
2006Q2	16.2628
2006Q3	7.2410
2006Q4	19.7345
2007Q1	39.8015
2007Q2	31.8590
2007Q3	21.0444
2007Q4	12.9321
2008Q1	−15.1331
2008Q2	−23.4544
2008Q3	−21.8327
2008Q4	−21.7905

(三)估计利率方程

然后,我们对以下利率方程进行相关性估计:

RATE7DAY＝C（1）×SHAREHOUSEBILI＋C（2）×GDPGAP_

RATE＋C(3)×CPI_RATE＋C(4)

得到:

RATE7DAY＝0.0002419211805×SHAREHOUSEBILI－0.248

4440838×GDPGAP_RATE－0.3725090849×4.3

47614173　　　　　　　　　　　　（式 5－1）

相关检验结果见表 5－5。

表 5－5　加入资产价格因子的利率方程相关性检验

变量	相关系数	标准误差	T 值	概率
资产价格因子	0.000242	0.011410	0.021203	0.9832
产出缺口率	－0.248444	0.037478	－6.629091	0.0000
CPI 波动率	－0.372509	0.063877	－5.831681	0.0000
C	4.347614	0.188513	23.06268	0.0000

方程的可决系数为 0.72,表明方程拟合得不错。资产价格因子没有通过显著性检验。说明我国过去的利率制定只考虑了通货膨胀和产出缺口因素,而没有关注资产价格因素。

二、构建广义价格水平指标 API

既然资产价格对物价水平有传递的路径以及显著的效果,就有必要将资产价格纳入通货膨胀指数,作为衡量价格总水平的指标。本小节我们将构建一个广义的价格水平指标 API。

(一)纳入资产价格的通胀指标相关研究

有学者致力于设计和构造一种包括当前商品和服务价格以及

未来商品和服务价格的跨期生活成本指数(ICLI),这种价格指数能使家庭在生命周期中购买单位效用的成本最小。由于未来价格无法直接衡量,而资产价格能反应未来商品和服务的价格变动要求,因此,构造 ICLI 时可用资产的当前价格来代替未来商品和服务的价格,即中央银行应以一个包括资产价格在内的更为广泛的价格指数作为控制目标。

物价总水平的稳定是有助于经济的稳定与增长的,但是资本市场的迅速发展使得资产价格对于经济的影响日趋增大。根据历史经验,很多国家都曾有过在物价稳定时期由于资产价格的膨胀乃至泡沫而致使经济下滑的经历。当货币供应量超常规增长时,物价总水平的稳定并不能忽视通货膨胀存在的可能性,因为货币已从实体经济领域转向了资本市场。为抵御资产价格变化对货币政策效应的影响,中央银行在制订和执行货币政策时应当考虑资产价格的变化,将资产价格信息纳入货币政策的框架中去。

1911 年 Fisher 在《货币购买力》书中首先提出:政策制定者应致力于稳定包括资产价格(如股票、债券和房地产)及生产、消费和服务价格在内的广义价格指数。Alchian 和 Klein 在 1973 年提出中央银行在制定货币政策时应该考虑到更广范围内的价格水平,而不仅仅是国民生产总值平减指数或者是消费加权的指数。他们的通货膨胀测量方法可以概括为传统方法测量的通货膨胀与资产价格膨胀的加权平均值,其简化后即:$Pak = aP + (1-a)Pap$。其中 Pak 为综合通货膨胀水平,P 为传统通货膨胀水平,a 为传统通货膨胀的比重,Pap 为资产价格的膨胀率。Goodhart 和 Hofmann

在 MCI(货币条件指数)的基础上,加入了房产价格和股票价格,构造了 FCI(金融条件指数)。有研究结果表明:将资产价格包括在内的 FCI 确实包含了关于未来通货膨胀压力的重要信息。为了进一步检验该结论的有效性,他们将研究结果放到样本以外的区间进行检验,结果发现,此结论并没有完全有效。此发现与以前进行的相关研究得出的结论相一致,即在样本数据之外,要想预测通货膨胀是相当困难的。

　　易宪容对我国 CPI 指数与美国的 CPI 指标体系进行了对比。(1)CPI 指标权重的构成。美国的 CPI 权数构成包括:居住类权重为 42.1%、食品和饮料 15.4%、交通运输 16.9%、医疗 6.1%、服装 4.0%、娱乐 5.8%、教育与交流 5.9%、其他商品和服务 3.8% 等。而我国 CPI 指标食品类权重比较大,居住类比重偏小。(2)美国有“核心消费物价指数”指标,即扣除食品和能源等价格不稳定因素后的 CPI。我国则不能有效地剥离这种影响,因此造成短期 CPI 的波动问题。(3)美国的 CPI 指数从数据收集、数据制作、数据发表及数据修改等每一个环节都是透明公开的,以保证其科学、规范及权威性[①]。

　　资产价格对于宏观经济的重要性不仅在于它的过度波动会影响宏观经济的稳定,而且最重要的是它会影响居民和企业的投资、消费信心,影响人们对未来经济增长的预期,因此,资产价格在这个角度上是宏观经济的方向标,虽然由于非有效市场存在价格的异常波动,但是并不能影响其大体的波动趋势。因此,不包含资产价格的物价水平指数是不能全面反映物价总水平的,我们应该构

[①]　易宪容:《CPI 失真扭曲经济行为亟待调整》,《上海证券报》2007 年 1 月 19 日。

建一个广义的通货膨胀指数,将资产价格包括进去,以便更好地反映价格总水平。

国内学者在这方面进行了有益的探索。郭田勇按照 Alchian 和 Klein 提出动态价格指数的处理方法,以各类资产支出在人均收入中所占比例为权重,将房屋销售价格指数、股票价格指数和居民消费价格指数三者结合。在对我国 1997~2004 年的 CPI 与综合加权指数进行数据处理时发现,由于考虑了未来通货膨胀的影响,综合加权指数明显高于按原统计口径计算的消费物价指数;同时综合加权指数的上涨速度也要明显快于 CPI 的上涨速度,这也部分验证了资产价格的上涨有可能助长通货膨胀水平这一结论,但是难以看出综合指数对 CPI 的预测作用,即综合指数不是先于 CPI 变动的。综合指数的变动速度较大①。

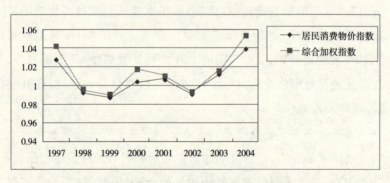

图 5-3 综合加权指数与 CPI 比较图

注:引自郭田勇:《资产价格、通货膨胀与中国货币政策体系的完善》,《金融研究》2006 年第 10 期。

———————

① 郭田勇:《资产价格、通货膨胀与中国货币政策体系的完善》,《金融研究》2006 年第 10 期。

（二）API 的定义和计算

由于郭田勇研究的是 2004 年以前的数据，得出了综合加权指数不是 CPI 先行指标的结论。但是 2005 年以来，经济形势发生了大的变化，资产价格膨胀与高通货膨胀并存，而不是在低通货膨胀的情况下存在了。在这种新形势下，要想真正反映资产价格对宏观经济的影响，纳入资产价格的广义通货膨胀指标如何选取权重就变得非常重要，因此，从人们的资产替代行为出发只有交易过的资产才可能对实体经济造成冲击，我们首先将房地产价格和股票价格都纳入到考虑范畴。

我们构建一个广义的价格指数，定义为 API（Average Price Index），定义方程式为

$$API = \alpha H + \beta S + (1 - \alpha - \beta) CPI \qquad \text{（式 5 - 2）}$$

其中，H 为房价，我们用房价的同比指数替代；S 为股价，因为股价指数是定基价格计算的指数，因此我们可以用当期指数除以上季同期指数后乘以 100 来获得同比指数；CPI 为居民消费价格同比指数。

权重的选择非常重要。本书认为房地产销售额与股票成交额能真实反映居民和机构参与资产交易的情况，体现了房价和股价对实体经济的影响。设 A 为房地产销售额，B 为股票成交额，D 为 GDP 值。因为统计局公布的房地产销售额以及 GDP 值都是累计额，因此需要通过计算获得当季额。

其中定义：$\alpha = A/(A + B + D)$，$\beta = B/(A + B + D)$

经过计算得到 API 的值，它和 CPI 的比较图如图 5 - 4 所示。

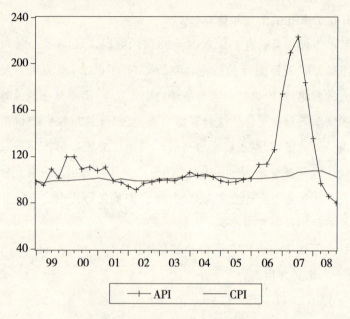

图 5 - 4 API 与 CPI 的比较图

注:CPI 为同比价格指数,根据月度数据换算得到,月度数据来源于国家统计
    局,API 为加权所得。房价同比指数来源于国家统计局,股票指数来源于
    人民银行。

　　从此图可以看出,纳入了股票价格和房地产价格的 API 指标与
CPI 指数相比,波动幅度很大,尤其在 2005 年开始的资产价格膨胀,
拉动 API 指标迅速上涨,并且在 2007 年中到达最高点,比 CPI 指标
在 2008 年到达高点要提前一年左右。正因为我国货币政策没有关
注资产价格波动,因此导致我国宏观调控政策容易滞后,虽然我国
宏观调控政策近些年取得了非常明显的成效,但是由于没有及时控
制经济过热的局面,导致房价、股市过热,后来引发的物价急剧上
升,这种犹如过山车的资产价格膨胀和下降,非常不利于经济的发
展,而且最重要的是会影响居民及企业的消费、投资信心。因此,

API 比 CPI 更能真实反映经济的冷热和物价总水平的涨落。

（三）API 与 CPI 的实证检验

虽然我们构建了一个广义的价格总水平指标 API，但它是否包含了 CPI 的预期信息，是否能预测 CPI 的走势呢？我们下面将对两个指标进行相关性分析。

首先分别对其进行单位根检验，检测序列的平稳性。发现一阶差分后的序列是平稳的，单位根检验结果见表 5－6：

表 5－6 API 与 CPI 的单位根检验

变量	ADFd	临界值
API	－3.623530	（1%） －3.621023 （5%） －2.943427
CPI	－3.071369	（1%） －3.632900 （5%） －2.948404

注：两个序列本身都不平稳，均为一阶差分后的单位根检验值。

然后对其残差进行一阶差分后的单位根检验，如果没有单位根，则表明残差是个一阶平稳序列，这是 API 与 CPI 存在协整关系的前提。检验结果如下：

表 5－7 API 与 CPI 一阶差分后的残差序列单位根检验

变量	ADFd	临界值
残差	－8.869917	（1%） －3.646342 （5%） －2.954021

残差的 ADF 值小于显著性水平为 5％的临界值,残差序列不存在单位根,是平稳序列。用 Johansen 协整检验法对其进行协整检验后的检验结果如表 5-8:

表 5-8　API 与 CPI 的协整检验结果

Hypothesized No. of CE(s)	Eigenvalue	Trace Statistic	0.05 Critical Value	Prob.
None	0.481089	30.68981	15.49471	0.0001
At most 1	0.140671	5.760912	3.841466	0.0164

根据标准化系数方程,我们得到如下方程式:

$$VECM = CPI - 0.118226 \times API \qquad (式 5-3)$$

$$(0.01747)$$

表 5-8 说明 API 与 CPI 至少存在一个协整关系,而根据方程式我们知道,API 与 CPI 存在正向的协整关系,API 上涨 1％,将引致 CPI 上涨 0.12％。在协整检验通过后,我们对其进行格兰杰因果检验,看 API 与 CPI 是否有因果关系。检验结果如下:

表 5-9　API 与 CPI 的格兰杰因果检验

原假设	F-Stat	Probability
API 不是 CPI 的原因	7.77571	0.00171
CPI 不是 API 的原因	0.05682	0.94486

从表 5-9 可以判断:从数据的统计特性来看,对于 API 不是 CPI 的原因这一假设,拒绝犯错的概率很小,因此拒绝原假设,表明 API 是 CPI 的原因;反过来,CPI 不是 API 的原因。

这说明了 API 对于 CPI 来说,具有一定的预测性。也说明了包含资产价格的 API 指标能够影响 CPI 的预期以及走势。下面我们用脉冲相应来识别其作用的期限有多长。

Respones to Cholesky One S.D. Innovations ± 2 S.E.

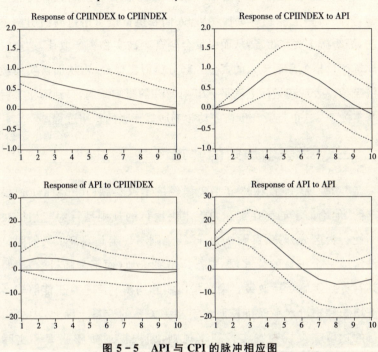

图 5-5　API 与 CPI 的脉冲相应图

从上图我们可以清楚地知道:对于 API 给的一个冲击,CPI 在初期并没有反应,变动为 0,但是随后逐渐增大,在第 5 期的时候达到最大,而后影响作用减弱,在第 10 期前影响为 0。

这说明,API 影响 CPI 的走势有一定的时滞性,在资产价格上涨的时候,API 指标增大,CPI 由于没有包含资产价格的因素,没有变化。资产价格上涨将导致人们资产替代行为的发生,人们会进一步调整自己的资产组合,更多的持有金融资产,从而推动资产价格进一步上涨。随后,资产价格上涨通过我们之前分析的多种渠道影响实体经济,从而引发 CPI 指标的变化,在 15 个月的时

候达到最大影响,这个时候 CPI 也上涨到最高点。随着时间的推
移,资产价格上涨到一定程度后,人们恐惧资产价格过高而引发下
跌,纷纷撤出资产市场,从而引发金融资产被实物资产取代,这个时
候资产价格上涨后流入的资金一部分流回实体经济,从而被实体经
济吸纳。表现在指标上就是 API 对 CPI 的影响减弱,直到两年半后
基本为 0。这也是资产价格波动影响通货膨胀的作用过程。

三、对泰勒规则的修正

"泰勒规则"是 1993 年由美国经济学家泰勒(John Taylor)提
出的,他论证了如何在实践中将中央银行的规则型行为与相机抉
择性行为区分开来,泰勒认为:政策规则不一定是政策工具的固定
设定或一个机械的公式,规则行为是系统地(而不是随机的)按照
某一计划实施货币政策。泰勒指出实际均衡利率是真正能够与经
济增长和物价水平保持长期稳定相关关系的变量。因此,中央银
行的货币政策规则宜实行利率规则,即根据通货膨胀率和实际
GDP 与目标值的偏离来调整联邦基金利率的走势。这一理论为
欧洲央行货币政策的两大支柱提供了理论支持。

典型的泰勒规则可表述如下:

$$i_t = \pi_t + r + h(\pi_t - \pi^*) + g_y y_t \qquad (式 5-4)$$

i 为联邦基金名义利率,π_t 指当前的预期通货膨胀率(泰勒以
前四季度的平均通胀率来表示),r 为均衡真实利率,泰勒假定处
于潜在增长率和自然失业率水平下的通货膨胀率都对应着一个均
衡的真实联邦基金利率。π^* 为目标通货膨胀率,y_t 为当前实际
GDP 偏离潜在 GDP 的百分比,h 和 g_y 为常数。

泰勒通过对美国联邦储备体系从 1987 年至 1992 年货币政策

的研究发现,美国实际均衡利率和目标通胀率均为 2%,泰勒还假定通货膨胀缺口和产出缺口相对于基金利率的权重相同,都是 0.5,即 h 和 g_y 的值都是 0.5。这样,泰勒规则可以写为:

$$i_t = \pi_t + 2 + 0.5(\pi_t - 2) + 0.5y_t \qquad\qquad (式 5-5)$$

此公式表明当通货膨胀率超出目标值一个百分点或产出缺口上升一个百分点,真实利率需抬高 0.5 个百分点,名义利率需抬高 1.5 个百分点。

国内学者从 2000 年后关注泰勒规则在中国的应用并进行了大量的研究。大部分学者认为货币供应量已经不适宜作为我国货币政策的中介目标了[①]。谢平、罗雄[②],张屹山、张代强[③]等人的研究都证明,泰勒规则能够为中国的货币政策提供一个参照尺度,衡量货币政策的松紧,弥补相机抉择货币政策的不足,提高中国货币政策的透明度。

董艳玲通过在试行的泰勒规则中应考虑加入汇率因素,并且检验了货币政策的有效性,检验结果总体上反映了利率和汇率之间的正相关性,以及二者互为因果联动关系的可能性[④]。在汇率为外生变量的条件下,我国宜采用加入汇率因素的泰勒规则。下面我们试图根据中国国情,对泰勒规则进行修正。

---

① 夏斌、廖强:《货币供应量已不宜作为我国货币政策的中介目标》,《经济研究》2001 第 8 期。

② 谢平、罗雄:《泰勒规则及其在中国货币政策中的检验》,《经济研究》2002 第 3 期。

③ 张屹山、张代强:《前瞻性货币政策反应函数在我国货币政策中的检验》,《经济研究》2007 第 3 期。

④ 董艳玲:《泰勒规则中加入汇率因素的探讨及其在中国的应用》,《经济学动态》2007 年第 11 期。

(一)建立泰勒修正方程

我们将资产价格因素纳入到泰勒规则,我们假定

$$I_t = I_0 + 0.5GDP_{gap} + 0.4\pi_t + 0.1H \qquad (式 5-6)$$

其中 I_t 为政府制定的目标利率,I_0 为均衡利率,GDP_{gap} 为产出缺口率,π_t 为 CPI 波动率,H 为房价波动率表示。这个方程的意思是我国的名义利率应该等于均衡利率加上通货膨胀波动率、产出缺口波动率以及房价波动率的加权值。如果通货膨胀波动为 0,产出缺口为 0,以及资产价格波动为 0,那么名义利率就应该等于均衡利率。

关于权重的确定有很多争议,我们认为应视货币政策应该关注的重要程度来进行确定,我们认为货币政策首先应该关注产出缺口,保持经济平稳增长是第一经济目标;其次保持物价稳定也很重要,影响居民生活的主要是消费价格指数;但是随着人们生活水平的提高,对财富的需求逐渐增大,住房资产逐渐成为人们财富的重要一部分。房产对实体经济的影响更大,同时信贷积累在房产业和金融有着紧密的联系。且由于住房价格存在一定的黏性,而且同时我国的住房市场尚未形成有效的价格机制,因此更需要关注住房价格。股票价格由于其过多的波动频率以及过大的波动幅度,利率对股票的影响也不会很大,因此在利率政策制定时不需要考虑股票价格。

根据以上分析,我们认为在考虑政府的目标利率各项因素中应考虑产出缺口、通货膨胀波动率和房价波动率,这三个要素的权重和为 1,经济学家 Bryan[1] 对通货膨胀波动率和房地产价格波动

---

[1]　Bryan, Cecchtti and Sullivan, "Asset Prices in the Measurement of Inflation", *NBER*, *Working Paper* no. 8700. 2002.

率所赋权重比例为 76.06：19.53,我们认为这个比重较为合理,
比率应保持 4:1,但是考虑到在中国产出缺口的影响因素是巨大
的,经验上应该占到总影响因素的一半左右,因此我们参照泰勒规
则的权重大小,给出修正后的权重,即产出缺口的权重为 0.5,通
货膨胀波动率的权重为 0.4,而房价波动率的权重为 0.1。经计算
得到表 5-10:

表 5-10 房价波动率、CPI 波动率、产出缺口波动率

年·季	房价波动率	CPI 波动率	产出缺口波动率
1998Q1	4.553	0.030	−8.320
1998Q2	6.704	−0.870	−9.862
1998Q3	−3.729	−1.430	−9.278
1998Q4	−4.696	−1.100	−8.269
1999Q1	2.892	−1.430	−4.249
1999Q2	−5.169	−2.170	−4.902
1999Q3	0.704	−1.170	−3.356
1999Q4	−0.572	−0.830	−2.318
2000Q1	5.819	0.100	−0.447
2000Q2	−1.684	0.100	−1.288
2000Q3	−1.299	0.270	−0.978
2000Q4	0.866	0.930	0.387
2001Q1	19.725	1.400	0.341
2001Q2	−6.293	0.470	−0.758
2001Q3	−3.329	−0.630	−1.223
2001Q4	−1.570	0.200	0.972
2002Q1	8.187	−0.600	2.041
2002Q2	−4.354	−1.070	1.152
2002Q3	1.496	−0.770	1.589
2002Q4	−0.124	−0.630	2.920
2003Q1	7.822	0.500	3.287
2003Q2	−2.555	0.670	4.221

2003Q3	−0.683	0.830	4.324
2003Q4	0.090	2.670	6.831
2004Q1	7.986	2.770	4.636
2004Q2	2.136	4.400	5.290
2004Q3	2.401	5.270	5.616
2004Q4	−0.226	3.170	4.698
2005Q1	12.183	2.830	3.846
2005Q2	−3.802	1.730	2.296
2005Q3	6.496	1.330	1.961
2005Q4	4.154	1.370	2.689
2006Q1	5.747	1.200	2.869
2006Q2	−0.911	1.370	1.745
2006Q3	0.549	1.270	1.403
2006Q4	−0.494	2.030	2.388
2007Q1	18.024	2.730	−0.139
2007Q2	−6.247	3.600	−1.455
2007Q3	2.312	6.100	−0.221
2007Q4	1.329	6.630	−0.228
2008Q1	3.907	8.030	−0.915
2008Q2	−3.200	7.770	−3.796
2008Q3	0.218	5.270	−7.444
2008Q4	−1.801	2.540	−8.884

(二)规则利率值的计算与比较

用上述假设的权重计算,并沿用泰勒规则的均衡利率值,定为 2%,那么用加权值再加上均衡利率,我们得到一组规则利率值:

表 5 - 11　计算的规则利率值

年·季	产出缺口波动值	CPI波动值	房价波动值	规则利率值
1998Q1	−4.160	0.012	0.455	−1.693
1998Q2	−4.931	−0.348	0.670	−2.609

续表

1998Q3	−4.639	−0.572	−0.373	−3.584
1998Q4	−4.134	−0.440	−0.470	−3.044
1999Q1	−2.124	−0.572	0.289	−0.407
1999Q2	−2.451	−0.868	−0.517	−1.836
1999Q3	−1.678	−0.468	0.070	−0.076
1999Q4	−1.159	−0.332	−0.057	0.452
2000Q1	−0.223	0.040	0.582	2.398
2000Q2	−0.644	0.040	−0.168	1.228
2000Q3	−0.489	0.108	−0.130	1.489
2000Q4	0.193	0.372	0.087	2.652
2001Q1	0.171	0.560	1.972	4.703
2001Q2	−0.379	0.188	−0.629	1.180
2001Q3	−0.611	−0.252	−0.333	0.804
2001Q4	0.486	0.080	−0.157	2.409
2002Q1	1.021	−0.240	0.819	3.599
2002Q2	0.576	−0.428	−0.435	1.713
2002Q3	0.794	−0.308	0.150	2.636
2002Q4	1.460	−0.252	−0.012	3.196
2003Q1	1.644	0.200	0.782	4.626
2003Q2	2.111	0.268	−0.256	4.123
2003Q3	2.162	0.330	−0.068	4.426
2003Q4	3.415	1.068	0.009	6.492
2004Q1	2.318	1.108	0.799	6.225
2004Q2	2.645	1.760	0.214	6.619
2004Q3	2.808	2.108	0.240	7.156
2004Q4	2.349	1.268	−0.023	5.594
2005Q1	1.923	1.132	1.218	6.273
2005Q2	1.148	0.692	−0.380	3.460
2005Q3	0.980	0.532	0.650	4.162
2005Q4	1.345	0.548	0.415	4.308
2006Q1	1.434	0.480	0.575	4.489
2006Q2	0.872	0.548	−0.091	3.329

续表

2006Q3	0.702	0.508	0.055	3.264
2006Q4	1.194	0.812	−0.049	3.957
2007Q1	−0.070	1.092	1.802	4.825
2007Q2	−0.728	1.440	−0.625	2.088
2007Q3	−0.111	2.440	0.231	4.561
2007Q4	−0.114	2.652	0.133	4.671
2008Q1	−0.458	3.212	0.391	5.145
2008Q2	−1.898	3.108	−0.320	2.890
2008Q3	−3.722	2.108	0.022	0.408
2008Q4	−4.442	1.016	−0.180	−1.606

注：此表中的产出缺口、CPI 以及房价均为权重值。

　　我们用计算出来的这组规则利率和银行间 7 天的拆借利率以及 CPI 波动值做一个比较图（图 5-6）。

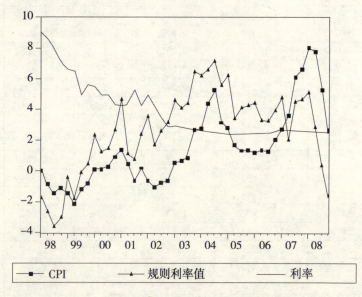

图 5-6　规则利率值、同业拆借 7 天利率与 CPI 的比较图

从这组比较图中清楚地看出:我们计算得到的潜在名义利率与 CPI 的变动幅度及趋势基本一致。潜在名义利率更能预期 CPI 的变动,而且可以执行更好的政府调控。这也说明加入了资产价格因素的潜在名义利率,能很好地反映 CPI 的真实变动,也应该成为政府调控和关注的目标变量。

第二节　资产价格的税收效应

在研究资产价格与宏观经济的关系时,很多学者通常会将资产价格与货币政策联系起来,其实财政政策对资产价格的影响也非常大。在我国利率传导机制不够畅通的情况下,居民、企业对利率的敏感性不强。财政政策的税收效应、对我国的股市和房市都有不小的影响。财政政策因此成为了对资产价格进行调控的重要手段。

简单地说,税收调控对于股市和房地产市场都是个比较有力的调控手段,股票市场存在印花税,而房地产市场的税收种类则更多。

一、股票印花税

我国的股票交易印花税是从普通印花税发展而来的,专门针对股票交易发生额征收的一种税。我国税法规定,对证券市场上买卖、继承、赠与所确立的股权转让依据,按确立时实际市场价格计算的金额征收印花税。股票交易印花税以发行股票的有限公司为纳税人,主要包括有限保险公司和有限银行公司。股票印花税以股票的票面价值为计税依据。由于股票可以溢价发行,如果股票的实际发行价格高于其票面价值,则按实际发行价格计税。为方便计算,增加透明度,采取比例税率,一般税负都比较轻。股票交易印花税对于中国证券市场而言,是政府增加税收收入的一个手段。

表 5 - 12　中国历年股票印花税在财政收入中的比重统计(1993～2007)

(单位:亿元,%)

年份	财政收入	股票印花税	股票印花税占财政收入比例%	中央财政收入	股票印花税占中央财政收入比例%
1993	4349	22.00	0.51	958	2.30
1994	5248	48.77	0.93	2907	1.68
1995	6242	24.22	0.42	3257	0.81
1996	7408	127.99	1.73	3661	3.50
1997	8651	250.76	2.90	4227	5.93
1998	9853	225.75	2.29	4885	4.62
1999	11377	248.07	2.18	5798	4.28
2000	13380	485.89	3.63	7584	6.41
2001	16386	291.31	1.78	8583	3.40
2002	18914	111.95	0.59	11020	1.02
2003	21715	128.35	0.59	11865	1.08
2004	26397	169.08	0.64	14503	1.17
2005	31649	66.35	0.32	16549	0.62
2006	35423	180.94	0.51	17272	1.05
2007	51304	2062.00	4.02	27739	7.43

注:数据来源于国家统计局、中国证监会;摘编自《中国证券期货统计年鉴2008》。

征收印花税增加了投资者的成本,但却是政府调控市场的工具,事实上也是一种非常有效的调控工具。回顾我国股市的发展历程,印花税一直是投资者最为关注的政策风向标之一。从印花税的历次调整看,基本上是在市场低迷时下调税率,在市场过热时调高税率,透露出明显的调控意图。其中,比较成功的调控发生在

1997 年 5 月,当时印花税率从 3‰提高到 5‰,股指也相应形成了当年的高点,转而迅速下跌,抑制了股指继续飙升。

印花税的调整更重要的是给了投资者一个心理暗示,影响投资者的预期,从而影响股市总成交额以及价格,但是其对股市的影响并不能持续多久,股市涨跌受宏观经济环境、上市公司利润增速等多种因素影响,印花税调整很难改变股市本身的趋势。姚涛、杨欣彦[①]运用回归分析和 GARCH 模型,利用上海股市 2007 年和 2008 年的数据,对证券交易印花税 税率调整的股价波动性效应进行了评估。他们的研究实证结果表明,证券交易印花税对股价波动性在短期内有较强影响,而对长期的影响是有限的。

表 5 – 13　历次印花税调整对股票市场的影响

时间	调整幅度	市场动态
2008 年 9 月 19 日	改为单边征收税率保持 1‰	沪深股市 19 日双双强势反弹,涨幅均超过或达到 9%。
2008 年 4 月 24 日	从 3‰调整为 1‰	沪指大涨 302 点,冲击 3600 点涨幅达 9.25%。
2007 年 5 月 30 日	从 1‰调整为 3‰	两市收盘跌幅均超 6%,跌停个股达 859 家,12346 亿元市值在一日间被蒸发。
2005 年 1 月 23 日	从 2‰调整为 1‰	从调整后,股市行情一路走高。属于真正的牛市。
2001 年 11 月 16 日	从 4‰调整为 2‰	股市产生一波 100 多点的波段行情。

---

①　姚涛、杨欣彦:《证券交易印花税调整对股价波动性的效应评估》,《财经科学》2008 年第 11 期。

续表

1999 年 6 月 1 日	B 股交易印花税降低为 3‰	上证 B 指一月内从 38 点升至 62.5 点,涨幅高达 50%。
1998 年 6 月 12 日	从 5‰ 下调至 4‰	—
1997 年 5 月 12 日	从 3‰ 上调至 5‰	当天形成大牛市顶峰,此后股指下跌 500 点,跌幅达到 30%。
1992 年 6 月 12 日	按 3‰ 税率缴纳印花税	当天指数没剧烈反应,盘整一个月后从 1100 多点跌到 300 多点,跌幅超 70%。
1991 年 10 月	深市调至 3‰,沪市开始双边征收 3‰	大牛市行情启动,半年后上证指数从 180 点飙升至 1429 点,升幅高达 694%。
1990 年 11 月 23 日	深市对买方开征 6‰ 印花税	—
1990 年 6 月 28 日	深市对卖方开征 6‰ 印花税	—

注:资料来源于和讯财经网,http://news. hexun. com/2009 - 03 - 07/115389195. html。

　　根据国际经验发展的趋势,印花税是逐步走向消亡的税种。从其他国家来看,对金融市场的调控主要是通过所得税实施的,对交易环节征收印花税的国家不是很多,税率也不是很高。但中国的所得税制度相对不是很完善,所以在交易环节征税对中国来说是比较简单、容易操作的做法。

二、房屋税收

　　政府对房地产行业进行宏观调控,税收是宏观调控的重要手段之一。从 2006 年 6 月 1 日起对购买住房不足五年就转手交易销售的,按照取得的售房收入全额征收营业税。对个人购买普通住房,超过五年转手交易的,销售时免征营业税。但是对个人购买非普通住房,超过五年转手交易销售的,按照销售收入减去购买房屋的价款差额征收营业税。这些调整交易环节营业税的政策,对抑制投机、投资性购房起到了积极的作用。

现阶段物业税马上要在部分城市试点,物业税又称财产税或地产税,主要是针对土地、房屋等不动产,要求其承租人或所有者每年都要缴纳一定税款,而应缴纳的税额会随着不动产市场价值的升高而提高。房产物业税是针对房产保有环节所征收的税种,也叫房地产税。早在 2003 年,国家税务总局和财政部就先后批准了北京、江苏、深圳等 6 个省市作为试点先行单位,但是由于波及的范围和产生的影响可能比较大,物业税一直处于研究阶段。2006 年又批准了河南、安徽、福建、大连 4 个地区部分区域作为房地产模拟评税扩大试点范围。2009 年 5 月 25 日,在物业税"空转"运行约 3 年之际,国务院批转发展改革委正式公布了《关于2009 年深化经济体制改革工作的意见》,其中明确提到"深化房地产税制改革,研究开征物业税"。

专栏 5-1 我国现阶段房产税制度介绍

1.什么是房产税?

房产税是世界各国普遍征收的一种财产税,主要对保有的房产征收。《中华人民共和国房产税暂行条例》(以下简称《暂行条例》)是 1986 年由国务院颁布实施的。《暂行条例》规定,对位于城市、县城、建制镇和工矿区范围内的房产每年征收房产税。由于房产税开征时,我国尚未进行住房制度改革,城镇个人拥有住房的情况极少,而且居民收入水平普遍较低,因此,《暂行条例》规定对个人所有的非营业用房产(即个人自住住房,以下简称个人住房)免税。房产税主要是对生产经营性房产征税。

2. 为什么要对个人住房征收房产税?

改革开放以来,我国经济社会形势发生了较大变化,住房制度改革不断深化,房地产市场日趋活跃,居民收入水平有了较大提高,房地产也成为个人财富的重要组成部分。根据中共中央关于制定"十二五"规划的建议中提出的要求,有必要研究推进房产税改革。

对个人住房征收房产税,一是有利于合理调节收入分配,促进社会公平。改革开放以来,我国人民生活水平有了大幅提高,但收入分配差距也在不断拉大。这种差距在住房方面也有一定程度的体现。房产税是调节收入和财富分配的重要手段之一,征收房产税一是有利于调节收入分配、缩小贫富差距。二是有利于引导居民合理住房消费,促进节约集约用地。我国人多地少,需要对居民住房消费进行正确引导。在保障居民基本住房需求的前提下,对个人住房征收房产税,通过增加住房持有成本,可以引导购房者理性地选择居住面积适当的住房,从而促进土地的节约集约利用。

3. 为什么要在部分城市进行对个人住房征收房产税改革试点?

鉴于历史原因和现实情况,我国目前对个人住房普遍征税的条件尚不成熟。对个人住房征税需要在制度设计和管理机制等方面进行充分研究论证并在实践中逐步探索。为不断积累经验,积极稳妥地推进房产税改革,有必要在部分城市进行对个人住房征收房产税改革试点。

4.房产税改革试点的法律依据是什么？

《房产税暂行条例》是依据全国人大常委会有关授权决定，由国务院制定的。房产税制度也需要根据情况的变化进一步改革完善。国务院常务会议同意在部分城市进行对个人住房征收房产税改革试点，具体征收办法由试点省（自治区、直辖市）人民政府从实际出发制定。这为部分城市进行房产税改革试点提供了依据，有利于这项改革稳步进行，并为逐步在全国推开这项改革，进一步完善房产税制度积累经验。

5.房产税改革试点征收的房产税收入将如何使用？

答：房产税为地方税，试点征收的收入属地方财政收入。为充分体现调节收入分配的政策目标，改革试点征收的收入将用于保障性住房特别是廉租房和公共租赁住房建设等，以解决低收入家庭住房困难等民生问题。

6.房产税改革下一步有何打算？

试点开始后，财政部、国家税务总局、住房和城乡建设部将总结试点经验，适时研究提出逐步在全国推开的改革方案。条件成熟时，在统筹考虑对基本需求居住面积免税等因素的基础上，在全国范围内对个人拥有的住房征收房产税。

资料来源：

财政部、国家税务总局、住房和城乡建设部有关负责人：《财政部等三部门就房产税改革试点答记者问》，新浪财经，2011年1月27日，网址：http://finance.sina.com.cn/g/20110127/19349321918.shtml

三、房屋税收对房价的影响

虽然很多房产税收政策出台前的本意在于平抑房价、抑制投机型购房,但是征税的负担有时也会转嫁到了购买者身上,从而推高房价。比如韩国为了抑制房地产市场过热,从 2006 年 4 月开始对房地产加大税收力度:对居民拥有的第二套以上住宅征收重税,将转让第二套以上住宅的交易税从 9%至 36%提高到 50%;从 2007 年 1 月 1 日起,韩国政府对非土地所有者自住的土地的交易征收 60%的交易税。重税政策宣布后,韩国房价不仅未能得到抑制,反而以更快的速度上涨。原因是重税政策导致许多原本打算出售房屋的人停止了出售,市场上的房屋供应量急剧下降,供应量的减少直接推动了房价的上涨;而且在房价快速上涨的时候,增加的税收负担很容易转嫁到购房人身上。这两大因素推动了房价更快的上涨。

为了保证我国房地产市场健康发展,国家在 2005 年调整了住房转让环节的营业税政策,规定自 2005 年 6 月 1 日起,对个人购买住房不足 2 年转手交易的,销售时按其取得的售房收入全额征收营业税;到了 2006 年,又规定从 2006 年 6 月 1 日起,对购买住房不足 5 年转手交易的,销售时按其取得的售房收入全额征收营业税。可是中国大城市房价在 2006 年下半年到 2007 年下半年之间经历了疯狂上涨,北京地区的大部分区域,房价在一年中实现了翻倍增长。"羊毛出在羊身上",由于税费基本全部转嫁给了买方,营业税的出台反而成了房价上涨的推手。而且为了躲避二手房营业税,业主和买方可以签订"阴阳合同",也就是说,真实合同和网签的合同约定的价格不一致,从而降低二手房营业税的征收基点。

笔者认为,购房的房产税收政策一定要慎重使用,因为任何税收政策一旦出台便很难收回,而如果税收政策实施不正确,就有可能增加购房者的负担,造成真正想买房的老百姓购不起房,投资型购房者却更加疯狂的局面。

　　二手房市场是梯级消费格局中承上启下的一个重要环节,它的繁荣有利于促使房地产市场形成梯级消费格局,一旦征收过高的税收,使得二手房市场受到抑制,一部分购房者将不得不转向新楼盘,进而导致房价的上涨。那些能够对房市产生有效调节作用的措施,往往是免税、减税等税收优惠措施的结合,以增加房屋供应量,减少房价中税收所占成本,激活二手房市场。

第六章　结论和政策建议

　　如果把经济体系中的资金比作水,金融市场和实体经济就是两个大的蓄水池,同时银行等金融机构可以吸纳一部分资金,不同投资人对于资金的安全性、流动性、回报率要求不一样,一旦外部条件发生改变,资金将在金融市场和实体经济以及金融机构之间不停流动,这种资产替代行为就将引发资产价格的波动,随后经过一系列的途径将影响到实体经济,表现在居民消费价格指数(CPI)也将发生相应的变化。资产价格的持续上涨会将实体经济上的资金吸引到金融市场上来,在货币存量不变的情况下,就像抽水机抽干实体经济的水,可能造成"产业空心化"的严重后果。而资产价格的持续上涨一般还会吸引国外的热钱不断涌入,造成水的存量增加,这就可能导致资产价格与通货膨胀的双双上涨。政府需要控制资产价格波动与稳定通货膨胀,既不抑制金融市场的规范发展,也要为实体经济的良性健康运营提供好的政策环境。

　　本书主要就资产价格与通货膨胀之间的关系进行了探究和论证,侧重从资产价格如何影响通货膨胀的路径进行研究和实证分析,证明资产价格的波动对于宏观经济的影响不可忽视。

第一节　主要结论

一、中国资产价格波动对通货膨胀的影响显著

本书采用 1998 年 1 季度～2008 年 4 季度的数据,首先采用环比价格指数,对 CPI、房产价格以及股票价格进行了协整分析,结果发现房价和 CPI 之间存在正向协整关系,股价和 CPI 之间也存在正向协整关系。在因果检验中,股价是 CPI 环比增长的原因,房价环比指数不是 CPI 环比增长的原因。这一结果的原因可能是环比数据本身的剧烈波动性导致因果检验失真,而房价与 CPI 指数都存在非常明显的季节性因素干扰,因此,在随后用房价同比指数与 CPI 同比指数做相关性分析时,结果表明:房价同比数据与 CPI 同比数据之间存在明显的正相关性,房价同比指数每上涨 1%,将引致 CPI 上涨 0.662%。并且房价同比与 CPI 同比指数互为因果。

实证结果说明,房价同比指数对通货膨胀影响显著,呈正相关关系,而通货膨胀也是影响房价的原因。股价环比指数与通货膨胀呈正向协整关系,但是相关系数很小;股价没有受通货膨胀明显影响,原因可能是我国的投资者存在"通货膨胀幻觉"。

二、资产替代与资产价格、通货膨胀关系密切

资产替代是资本市场与货币市场之间的替代行为。资产替代是指由资产收益率和风险结构失衡所引发的公众重新调整其资产组合,减持价值被高估的资产,增持价值被低估的资产的套利行为。

　　资本市场的发展所产生的资产替代效应对货币需求具有重要影响。由于股票、债券、基金等非货币性金融资产的种类不断丰富,居民和企业就可以在货币和非货币性金融资产间进行资产组合,货币的资产职能得以增强①。资产替代在经济波动和金融危机的生成机制中扮演着一个极为重要的角色。从宏观经济看,公众资产组合的调整往往对经济运行产生深远的影响,它影响储蓄与投资、消费的比例以及货币乘数与货币需求,进而影响总需求和物价。从这个角度上,通缩可看成是货币资产对实物资产的过度替代,而通胀则相反。

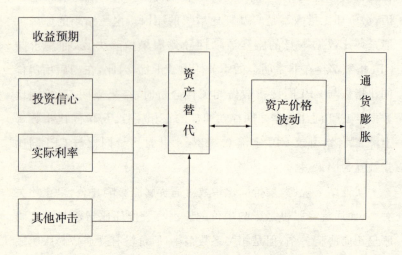

图 6-1　资产替代、资产价格波动与通货膨胀的关系

　　上图是关于资产替代、资产价格波动与通货膨胀互相作用的一个简单示意图:收益预期、投资信心、实际利率以及其他的外部

①　李健:《渐进改革视野下金融体制与货币运行机制的关联》,《改革》2008 年第 4 期。

冲击都会影响资产替代行为,而资产替代行为将影响金融资产与非金融资产之间,以及各类金融资产之间的相互替代,于是会引起资产价格的波动,从而通过多种渠道对通货膨胀产生影响。而通货膨胀率上升,将引起实际利率的下降,从而引发资产替代行为,资产价格上涨将使得人们会将非金融资产替换成金融资产以寻求更大的回报率,从而进一步促进资产替代行为。

三、资产价格波动通过多种渠道影响通货膨胀

根据前文的机理研究,我们得到资产价格影响通货膨胀的示意图:

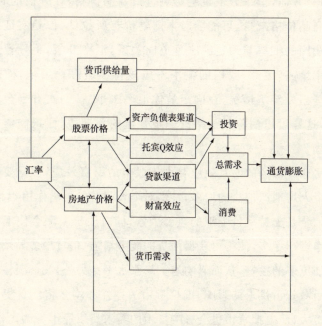

图 6 - 2 资产价格波动影响通货膨胀示意图

我们可以知道,资产价格主要是通过财富效应来影响消费,

通过托宾 q 效应、贷款渠道以及资产负债表渠道来影响投资，从而影响总需求，对通货膨胀形成压力。另外，资产价格还会影响货币供求，通过货币供求的溢出效应和吸收效应，来影响通货膨胀。

汇率是影响资产价格的重要因素，在本币升值的时候，如果预期还会进一步升值，那么就会导致资金大量流入国内，而一般国际资本流动都会导致资产价格波动，因为游资喜欢回报率高而相对流动性强的股票和房地产投资。而当资产价格上涨后会吸引更多的资金流入国内，推动外汇储备增多，从而又会形成汇率升值压力；另一方面，汇率升值也会影响进口商品价格，在升值的时候，进口商品价格减少，可能会对本国物价有所拉低，但是实证结果表明我国的汇率与通货膨胀是负向关系，汇率升值，将导致通货膨胀率增高，因此，我国的汇率不应该持续缓慢地增值，而应该根据国内外经济情况，在确定最优汇率水平后，一次升到合适的位置，这样可以消除对汇率进一步升值的预期，从而抵制资金流入本国。

房地产市场的财富效应要大于股市的财富效应，但是要警惕由于个人房地产信贷的增多，月供对个人消费的挤出作用。

信贷是支持房价上涨的重要因素，同时股价上涨会使上市企业的净资产增多，使得可获得信贷的能力增强，信贷增多导致企业能增加更多的投资，从而影响通货膨胀水平。另外，我们要注意虚拟货币对货币供求的影响，虚拟货币的存在和增多将使得货币供应量扩大，而虚拟货币也会影响货币的需求。以股市为例，当股票价格上涨时，人们会产生对股票未来收益增多的预期，货币持有成本增大，从而减持货币，购买股票。

四、资产价格影响通货膨胀的效果
取决于制约因素

本书除了分析资产价格影响通货膨胀的传导机制外,还提出应该关注制约因素,比如金融体系,金融资产结构,产业结构等。在以市场为主导的金融体系中,股市和房市的财富效应要大于以银行为主导的金融体系。一个国家的金融资产结构的演进路径,也反映了人们的资产替代行为及趋势,必然会影响资产价格对通货膨胀的传导效果。另外,产业结构优化有助于资产收益率不均衡的扭转,引导资金有序地在金融市场和实体经济中流动。

资产价格和通货膨胀都保持平稳,将有助于经济稳定和经济增长。当前我国的资产、物价问题,不仅仅只是短期的需求波动问题,还有深刻的中长期结构性因素在发挥作用。要加大经济结构改革力度,落实现有的经济改革措施。经济结构改革是解决我国内外失衡的根本之策。推进中西部地区结构性改革,提高投资收益率,鼓励劳动力和资金等生产要素的流动。只有改善中西部地区货币政策的运行环境,才能消除货币政策效应的地区差异问题。

在中短期内,应该在统一货币政策的前提下,提高货币政策决策的科学性和灵活性。央行在决策时要更多地考虑中西部地区的实际,同时灵活使用再贷款、再贴现和信贷政策等工具,向欠发达地区实行政策倾斜,以此来弥补地区间的差别。

充分发挥政策性金融和财政政策在缩小地区差别方面的作用。货币政策是利用市场手段进行总量调节,但市场的失效使得单单依靠货币政策具有很大的局限性。我国现阶段应以财政政策和政策性金融来弥补货币政策的不足。如政府应加大对中西部地区的投资和转移支付力度,组建中西部开发银行等政策性金融机构来缩小东西部地区之间的差别。中西部地区由于金融生态、信息等原因对银行信贷依赖性比较强,可以通过放松上市条件或在中西部设立证券交易所,为这些地区的企业证券融资创造更宽松的环境,降低其对贷款的依赖性,减少不利的货币冲击对经济的影响。

第二节 政策建议

造成通货膨胀的原因有很多种,本书重点分析了资产价格波动影响通货膨胀的机理并做了相关实证研究。资产价格问题中的房价问题是近年我国民生方面的热点问题之一。我国房地产价格近几年出现迅速上涨的态势,某些热点地区的房价甚至出现了"几级跳",关于房价是否过高,如何调控的争议从未停止,民众对于遏制过快上涨的房价表达了强烈需求,但是调控效果并不明显,短暂的需求压抑过后往往出现房价的快速反弹。综合考虑我国的经济社会环境,对防止资产价格异常波动、稳定通货膨胀,主要有如下几个政策建议:

一、将 API 纳入宏观经济监控体系

通货膨胀过快增长将增加生活成本,要调控通货膨胀,需要多渠道进行,其中需要关注资产价格波动情况。

——将 API 纳入宏观经济监控体系。本书通过实证证明,资产价格波动对于通货膨胀有着显著的影响。尤其房价对于物价水平乃至宏观经济环境都有着重要的影响。现行的货币政策过多地关注产出缺口和通货膨胀,而目前经常使用的通货膨胀率指标很

难捕捉资产价格波动。在调控物价水平时,必须综合考虑各种因素,建议将本书构建的 API 指标纳入宏观经济监控体系。

二、严控信贷规模和改善信贷结构

作为一个银行主导型金融体系的国家,我国资产价格通过贷款渠道作用于通货膨胀的影响可能更为显著,信贷渠道的调控效果更为明显。信贷是支持资产价格上涨的重要力量,可以发挥信贷的调节作用,对遏制房地产价格的进一步上涨有一定的效果。

——严控信贷规模。在房地产价格高涨的时候,适当收紧信贷规模可以控制企业或者个人对于房地产的过度需求,这对于经济的正常稳定发展是十分必要的。因此需要对贷款的批准加强审核,对贷款的使用加强监督管理,以防范风险的发生。

——改善信贷结构,防止贷款向房地产企业或者大型企业过度倾斜,支持中小企业发展,促使国民收入分配合理化,提高居民收入水平,刺激消费以拉动经济,改变过度依赖投资的局面。

三、建立有效的房地产定价机制

我国目前缺乏有效的房价定价机制,房地产建筑开发成本不透明,开发商单方面决定价格,民众只能成为房价的接受者。房价定价机制的完善将有利于规避房价异常波动,使得供给不会脱离需求。主要建议如下:

——权威机构公开新房建设成本。前两年,已经有些省市实施了房地产成本公开,但是开发商主动公开的成本有多少可信度还值得探讨。建议由住保部或统计局成立房价成本监测小组,权威发布区域内各种级别的房地产平均建设成本,比如可以分成经济适用房、普通商品房、公寓、别墅等。新房的定价根据此区域平均建房成本可以适度浮动一定比例。

——深化房地产管理信息化,建立全国统一的二手房交易数据库。近期有些省市比如北京已经实施了限购令,但是目前由于缺乏全国统一的二手房交易数据库,因此被逐出北京房地产市场的投资者很可能会辗转到其他城市去。建议可以以家庭为单位,打破地域限制,建立全国统一的二手房交易数据库,这样一个家庭在全国拥有多少套房产一目了然,也便于总体调控。

——鼓励发展二手房市场,规范中介机构,减少交易成本,增加房地产市场的有效供给。在土地供给有限,新房供给得不到保障,市场价格形成机制不完善的情况下,激活二手房市场对于平抑房价有着重要作用。房地产中介行业在我国虽起步不久,但是发展迅速,且在房地产中介交易的过程中存在许多不合理不规范的地方。比如:房地产中介行业存在的过度竞争,推高了房屋的租售价格。一些房地产中介机构并没有发挥自己的信息优势,减少交易成本,反而通过各种方式垄断信息,共同抬高价格,以获取更多的佣金,致使一些地方出现了"不通过中介就找不到房,不交订金就看不到房"的现象。还有一些中介机构帮助甚至教唆客户签"阴阳合同"、违规贷款等不法行为,扰乱了房地产中介市场的正常秩序。因此,规范房地产中介机构,也是在发展二手房市场的同时必须进行的。

四、改革财税制度和土地拍卖制

——改革财税制度。很多地方政府缺乏财政收入来源,不得不依赖于土地收入,这不仅使得土地价格日益攀高,而且不利于当地其他产业的健康发展。建议改革财税制度,将土地收入的绝大部分纳入中央财政,同时赋予地方政府其他方面更多的能动性,增加地方政府的其他收入来源。

　　——改革土地拍卖制。土地拍卖制的结果直接推高了土地价格,而每一个"地王"的产生都将直接拉动区域房价迅速上涨。高地价直接增加了房地产建设成本,在某种程度上推高了房价。建议将土地拍卖由国家统一的部门来负责管理,建立评价体系,不因为谁的价格高就给谁,而是综合评价。

五、有效发挥税收调节作用

　　税收政策的实施往往会对房地产价格产生一定的影响,但是有的税收容易转嫁,从而比较容易起到相反的作用,税收政策的实施一定要谨慎。比如:二手房交易征收营业税的政策,本意是为了增加投资者频繁买卖房屋的成本,减少交易次数,从而控制房价的上涨。结果在实际交易中这些费用几乎全部由购房者承担,变相推高了二手房的交易价格。

　　——适当降低二手房的交易成本。随着新房的价格越来越高的趋势,大力发展二手房市场,对于稳定房地产价格更为有效。二手房的交易成本最终的承担者几乎都是购房者,这些费用使得二手房的价格逐渐逼近新房价格,而且过高的成本也使得真实合同和网签合同不一致的"阴阳合同"现象无法杜绝。

　　——征收房产税要针对存量住房。现在虽然有些地区已经实施了房产税,但是效果并不太明显。房产税要有效,必须要针对存量住房,增加持有房屋的成本,这样才有可能挤出投资的泡沫。但是要防止房产税变成"人头税",因此可以从第二套住房开始征收,征收的幅度过小也不会起到多大的作用,可以适度提高。但是房产税的征收增加了房屋持有成本,也会推高租金价格,因此要谨慎使用。

六、继续改革和完善汇率制度

在开放条件下,资金流动更加频繁,本国的资产价格要受到国外经济的影响,在大国利率降低的情况下,本国利率如果维持不变,很可能会导致资本大量流入。汇率的升值可能会降低国际收支贸易顺差额度,但是同时可能会吸引资金流入,以博弈本币继续升值。这些俗称的"热钱"最钟情的流向就是股市或者房地产市场。这样资产价格就会引发上涨,一旦投资信心减弱,资产价格下跌,热钱就会撤退,从而引发资产价格更快地下跌,非常不利于宏观经济的稳定和金融安全。另一方面,通货膨胀也会受到国际经济因素的影响。某些大国之间,或者经济贸易比较紧密的国家之间,往往存在联动性。这些都应该引起注意。

资产价格膨胀越是一个中长期问题,其对宏观经济稳定带来的负面冲击就越严重,深层问题在于资产对内和对外价格的扭曲,因此需要理顺汇率形成机制,尤其是人民币升值的方式。

2007 年下半年以来,人民币升值速度过快,对出口业形成了严重冲击,进而引发包括失业率上升、企业效益下降、银行不良资产增多等一系列问题,快速升值很可能使中国重蹈日本、韩国和中国台湾等经济体货币大幅度和快速升值引发金融动荡的覆辙。

随着中国经济的快速增长,国际竞争力有所提高,人民币汇率水平适度升值是正确的,但是需要把握好升值的节奏和步伐。汇率改革的目的不是升值,而是逐渐建立以市场供求为基础的、有管理的浮动汇率制度。人民币汇率的调整需要综合考虑对出口企

业、失业、经济增长、热钱流入和通货膨胀的影响。汇率升值应该
以不损害出口部门的基本竞争力为标准,而不是以治理通货膨胀
为目标。在当前出口企业面临巨大压力的情形下,需要合理把握
人民币升值的速度,维持出口企业的有序经营和经济的平稳增长。

根据前文的实证,我们知道我国的汇率升值,对通货膨胀并没
有起到抑制的作用,反而呈现负相关性。要防止汇率升值带来的
负面效应,我们应该消除人民币升值预期。一是通过财政税收政
策、消费政策、放松对进口的限制等来减少国际收支顺差。二是改
变单向升值的做法,增加汇率的双向波动程度,培育更为成熟的市
场主体,完善外汇市场基础设施,有效缓解单边升值的预期。三是
在目前市场主体应对汇率风险的能力较低以及经济基础设施并不
完善的形势下,防止出现汇率超调。

附　　录

年·月	同比 CPI	定基 CPI	环比 CPI	季节调整环比 CPI
199801	100.30	101.53	100.74	99.89
199802	99.90	102.04	100.50	100.07
199803	100.70	102.11	100.07	100.40
199804	99.70	102.06	99.95	100.22
199805	99.00	100.87	98.84	99.81
199806	98.70	99.53	98.67	99.79
199807	98.60	98.16	98.62	99.47
199808	98.60	98.82	100.68	100.08
199809	98.50	100.75	101.96	100.12
199810	98.90	100.60	99.85	99.81
199811	98.80	99.90	99.31	99.51
199812	99.00	99.78	99.88	100.01
199901	98.80	100.31	100.53	99.66
199902	98.70	100.71	100.40	99.94
199903	98.20	100.27	99.56	99.92
199904	97.80	99.81	99.54	99.75
199905	97.80	98.65	98.84	99.74
199906	97.90	97.44	98.77	99.86
199907	98.60	96.78	99.32	100.15
199908	98.70	97.54	100.78	100.23
199909	99.20	99.95	102.47	100.72
199910	99.40	100.00	100.05	99.98
199911	99.10	99.00	99.01	99.21

续表

199912	99.00	98.78	99.78	99.88
200001	99.80	100.11	101.35	100.46
200002	100.70	101.42	101.30	100.82
200003	99.80	100.07	98.67	99.14
200004	99.70	99.51	99.44	99.63
200005	100.10	98.75	99.24	100.06
200006	100.50	97.93	99.17	100.24
200007	100.50	97.27	99.32	100.07
200008	100.30	97.83	100.58	100.07
200009	100.00	99.95	102.17	100.54
200010	100.00	100.00	100.05	99.85
200011	101.30	100.29	100.30	100.39
200012	101.50	100.27	99.97	99.96
200101	101.20	101.31	101.05	100.25
200102	100.00	101.42	100.10	99.66
200103	100.80	100.87	99.46	100.13
200104	101.60	101.10	100.23	100.44
200105	101.70	100.43	99.33	100.09
200106	101.40	99.30	98.87	99.92
200107	101.50	98.72	99.42	100.10
200108	101.00	98.81	100.08	99.65
200109	99.90	99.85	101.05	99.63
200110	100.20	100.20	100.35	100.14
200111	99.70	99.99	99.80	99.92
200112	99.70	99.96	99.97	99.96
200201	99.00	100.30	100.34	99.51
200202	100.00	101.42	101.11	100.59
200203	99.20	100.06	98.66	99.42
200204	98.70	99.79	99.73	99.87
200205	98.90	99.32	99.53	100.19
200206	99.20	98.50	99.17	100.20
200207	99.10	97.84	99.32	99.89

续表

200208	99.30	98.11	100.29	99.91
200209	99.30	99.15	101.05	99.84
200210	99.20	99.39	100.25	99.97
200211	99.30	99.29	99.90	100.05
200212	99.60	99.56	100.28	100.22
200301	100.40	100.70	101.14	100.33
200302	100.20	101.62	100.91	100.37
200303	100.90	100.96	99.35	100.20
200304	101.00	100.79	99.83	99.91
200305	100.70	100.02	99.24	99.77
200306	100.30	98.80	98.78	99.75
200307	100.50	98.33	99.52	100.01
200308	100.90	99.00	100.68	100.34
200309	101.10	100.24	101.25	100.23
200310	101.80	101.18	100.94	100.68
200311	103.00	102.27	101.07	101.26
200312	103.20	102.75	100.47	100.34
200401	103.20	103.93	101.14	100.36
200402	102.10	103.75	99.83	99.28
200403	103.00	103.99	100.23	101.11
200404	103.80	104.62	100.60	100.71
200405	104.40	104.42	99.81	100.27
200406	105.00	103.74	99.35	100.26
200407	105.30	103.54	99.80	100.19
200408	105.30	104.24	100.68	100.36
200409	105.20	105.45	101.16	100.31
200410	104.30	105.53	100.08	99.86
200411	102.80	105.13	99.62	99.82
200412	102.40	105.22	100.08	99.89
200501	101.90	105.90	100.65	99.90
200502	103.90	107.80	101.79	101.24
200503	102.70	106.80	99.07	99.96

续表

200504	101.80	106.50	99.72	99.86
200505	101.80	106.30	99.81	100.22
200506	101.60	105.40	99.15	99.93
200507	101.80	105.40	100.00	100.27
200508	101.30	105.60	100.19	99.91
200509	100.90	106.40	100.76	100.06
200510	101.20	106.80	100.38	100.29
200511	101.30	106.50	99.72	99.96
200512	101.60	106.90	100.38	100.17
200601	101.90	108.30	101.31	100.53
200602	100.90	108.80	100.46	99.90
200603	100.80	107.90	99.17	100.03
200604	101.20	108.10	100.19	100.37
200605	101.40	108.00	99.91	100.27
200606	101.50	107.40	99.44	100.08
200607	101.00	107.10	99.72	99.85
200608	101.30	107.40	100.28	100.02
200609	101.50	108.00	100.56	99.95
200610	101.40	108.10	100.09	100.01
200611	101.90	108.40	100.28	100.43
200612	102.80	109.90	101.38	101.03
200701	102.20	110.68	100.71	100.05
200702	102.70	111.74	100.95	100.49
200703	103.30	111.46	99.75	100.69
200704	103.00	111.34	99.89	100.14
200705	103.40	111.67	100.30	100.67
200706	104.40	112.13	100.41	100.93
200707	105.60	113.10	100.87	100.92
200708	106.50	114.38	101.13	100.93
200709	106.20	114.70	100.28	99.77
200710	106.50	115.13	100.38	100.35
200711	106.90	115.88	100.65	100.80

续表

200712	106.50	117.04	101.00	100.60
200801	107.10	118.54	101.28	100.61
200802	108.70	121.46	102.46	102.00
200803	108.30	120.71	99.39	100.32
200804	108.50	120.81	100.08	100.36
200805	107.70	120.27	99.56	99.92
200806	107.10	120.09	99.85	100.31
200807	106.30	120.22	100.11	100.15
200808	104.90	119.99	99.80	99.64
200809	104.60	119.97	99.99	99.56
200810	104.00	119.73	99.80	99.82
200811	102.40	118.66	99.11	99.27
200812	101.20	118.45	99.82	99.45

注：原始数据来源于国家统计局和人民银行，经作者计算整理。具体计算方法参见第五章。

附录2　CPI、房价、股价同比指数以及 GDP、房地产销售额与股票成交额当季值

（单位：上年同期＝100，亿元）

年·季	CPI同比	房价同比	股票同比	GDP值	房地产销售	股票成交额
1999Q1	98.57	99.70	94.14	18789.70	193.80	2927.66
1999Q2	97.83	99.60	91.78	20765.20	390.60	13294.94
1999Q3	98.83	99.90	128.86	21859.30	430.60	11228.26
1999Q4	99.17	100.70	118.36	28262.80	1640.40	3868.73
2000Q1	100.10	100.70	141.70	20647.00	296.00	18937.82
2000Q2	100.10	101.10	149.17	23101.20	549.00	16018.71
2000Q3	100.27	101.50	124.63	24339.30	615.80	14500.19
2000Q4	100.93	101.20	139.50	31127.50	2111.30	11369.94
2001Q1	101.40	101.90	122.78	23299.50	440.70	10058.85
2001Q2	100.47	102.50	128.23	25651.40	740.50	14765.15
2001Q3	99.37	102.70	98.18	26867.30	817.10	7358.17
2001Q4	100.20	101.80	82.71	33836.80	2627.50	6123.01
2002Q1	99.40	104.30	77.77	25375.70	514.00	7891.14

续表

2002Q2	98.93	102.80	67.10	27965.30	931.10	8953.43
2002Q3	99.23	104.00	84.77	29715.70	1190.20	6425.31
2002Q4	99.37	103.50	87.12	37276.30	3085.80	4720.58
2003Q1	100.50	104.80	95.05	28861.80	784.70	6673.85
2003Q2	100.67	105.00	96.95	31007.10	1317.10	11353.73
2003Q3	100.83	104.10	87.66	33460.40	1634.70	5447.16
2003Q4	102.67	105.10	96.31	42493.70	3934.50	8640.54
2004Q1	102.77	107.70	113.82	33420.60	1143.30	16415.54
2004Q2	104.40	109.10	101.71	36985.30	1830.20	9620.97
2004Q3	105.27	109.90	95.07	39561.70	2080.30	8337.69
2004Q4	103.17	110.80	94.52	49910.40	5321.80	7959.77
2005Q1	102.83	109.80	74.90	38848.60	1559.30	6702.30
2005Q2	101.73	108.00	71.68	42573.90	2167.90	7508.40
2005Q3	101.33	106.10	81.46	44562.40	7586.00	10896.08
2005Q4	101.37	106.50	84.07	57883.00	6767.00	6556.36
2006Q1	101.20	105.50	101.17	44419.80	3192.70	11194.42
2006Q2	101.37	105.70	135.80	49191.80	4764.80	26879.01
2006Q3	101.27	105.50	147.60	50958.00	4457.90	20142.62
2006Q4	102.03	105.30	181.84	67353.90	8094.30	32252.84
2007Q1	102.73	105.60	227.66	53058.00	4050.70	75032.38
2007Q2	103.60	106.30	252.73	59400.00	6592.10	162147.60
2007Q3	106.10	108.20	283.96	61970.00	8041.90	133988.30
2007Q4	106.63	110.20	264.12	82878.00	10919.10	89387.90
2008Q1	108.03	111.00	155.49	63475.00	4110.50	96174.55
2008Q2	107.77	109.20	85.75	71251.00	6214.90	73230.91
2008Q3	105.27	105.30	53.08	73299.00	5553.10	46610.77
2008Q4	102.54	104.30	35.80	92645.00	8192.90	50897.17

附录3　API 的各类加权指数

年·季	CPI权重值	房价权重值	股价权重值	API
1999Q1	84.53	0.88	12.58	97.99
1999Q2	58.97	1.13	35.42	95.51

续表

1999Q3	64.45	1.28	43.17	108.90
1999Q4	82.99	4.89	13.56	101.44
2000Q1	51.82	0.75	67.29	119.86
2000Q2	58.29	1.40	60.24	119.93
2000Q3	61.85	1.58	45.80	109.24
2000Q4	70.43	4.79	35.56	110.77
2001Q1	69.90	1.33	36.54	107.77
2001Q2	62.62	1.84	46.00	110.46
2001Q3	76.19	2.39	20.61	99.20
2001Q4	79.61	6.28	11.89	97.78
2002Q1	74.67	1.59	18.17	94.42
2002Q2	73.09	2.53	15.87	91.50
2002Q3	78.99	3.32	14.59	96.89
2002Q4	82.16	7.08	9.12	98.37
2003Q1	79.86	2.26	17.47	99.59
2003Q2	71.47	3.17	25.20	99.83
2003Q3	83.22	4.20	11.78	99.19
2003Q4	79.23	7.51	15.11	101.85
2004Q1	67.37	2.42	36.65	106.44
2004Q2	79.72	4.12	20.20	104.04
2004Q3	83.33	4.57	15.86	103.76
2004Q4	81.49	9.33	11.91	102.72
2005Q1	84.80	3.63	10.66	99.09
2005Q2	82.89	4.48	10.30	97.67
2005Q3	71.62	12.77	14.08	98.47
2005Q4	82.40	10.12	7.74	100.26
2006Q1	76.44	5.73	19.26	101.43
2006Q2	61.69	6.23	45.16	113.08
2006Q3	68.30	6.22	39.35	113.87
2006Q4	63.81	7.91	54.46	126.18
2007Q1	41.25	3.24	129.27	173.75
2007Q2	26.97	3.07	179.62	209.67

续表

2007Q3	32.23	4.27	186.50	223.00
2007Q4	48.24	6.57	128.88	183.69
2008Q1	41.87	2.79	91.32	135.98
2008Q2	50.95	4.50	41.67	97.13
2008Q3	61.50	4.66	19.72	85.88
2008Q4	62.61	5.63	12.01	80.25

参 考 文 献

保罗·萨缪尔森、威廉·诺德豪斯著,萧琛译:《宏观经济学》(第16版),华夏
    出版社2001年。
陈道富:《对当前货币政策的四个判断》,《内蒙古金融研究》2008年第4期。
成思危:《中国通货紧缩的特殊背景、成因与对策》,《经济界》2002年第5期。
成思危:《虚拟经济的基本理论及研究方法》,《管理评论》2009年第1期。
楚尔鸣:中国货币政策传导系统有效性的实证研究,中国经济出版社2008年
    版。
丁守海:《托宾q值影响投资了吗?—对我国投资理性的另一种检验》,《数量
    经济技术经济研究》2006年第12期。
董艳玲:《泰勒规则中加入汇率因素的探讨及其在中国的应用》,《经济学动
    态》2007年第11期。
段进等:《我国股市财富效应对消费影响的协整分析》,《消费经济》2005年第
    2期。
樊明太:《金融结构与货币传导机制》,中国社会科学出版社2005年版。
范言慧、潘慧峰、李哲:《人民币升值预期与我国的贸易顺差》,《国际金融研
    究》2008年第2期。
范志勇:《汇率和国际市场价格冲击对国内价格波动的影响》,《金融研究》
    2006年第2期。
刚猛、陈金贤:《中国股票收益、通货膨胀与货币部门的角色分析》,《西安交通
    大学学报(社会科学版)》2004年第1期。
郭田勇:《资产价格、通货膨胀与中国货币政策体系的完善》,《金融研究》2006
    年第10期。
哈伯勒:《繁荣与萧条》,商务印书馆1988年版。
哈继铭:《高增长和低通胀催生资产价格泡沫》,《金融博览》2007年第6期。
胡振华、胡绪红:《金融结构差异与货币政策的区域效应》,《财贸研究》,2007
    年第5期。

贾俊雪、郭庆旺：《经济开放、外部冲击与宏观经济稳定—基于美国经济冲击的影响分析》，《中国人民大学学报》2006 年第 6 期。

靳云汇：《中国股票市场与国民经济关系的实证研究》，《金融研究》1998 年第 3 期。

经朝明、谈有花：《中国房地产价格与通货膨胀的关系——基于计量模型的实证分析》，《中国物价》2006 年第 2 期。

李翀：《虚拟货币的发展与货币理论和政策的重构》，《世界经济》，2003 第 8 期。

李红玲、戴国海：《居民通货膨胀感受及预期形成机制研究》，《金融纵横》2008 年第 6 期。

李红权、汪寿阳、马超群：《股价波动的本质特征是什么？—基于非线性动力学分析视角的研究》，《中国管理科学》2008 年第 10 期。

李健：《渐进改革视野下金融体制与货币运行机制的关联》，《改革》2008 年第 4 期。

李木祥、钟子明、冯宗茂：《中国金融结构与经济发展》，中国金融出版社 2004 年版。

李强：《资产价格与通货膨胀—基于中国特征事实的研究》，Working Paper No.0810，中国社会科学院世界经济与政治研究所国际金融研究中心，2008 年 6 月 2 日。

李晓西：《宏观经济学（中国版）》，中国人民大学出版社 2005 年版。

李晓西等：《中国潜在 GDP 的估算，中国货币与财政政策效果评析》，人民出版社 2007 年版。

李学锋、徐晖：《中国股票市场财富效应微弱研究》，《南开经济研究》2003 年第 3 期。

李雅丽：《基于贷款渠道视角的我国货币政策区域效应探析》，《经济经纬（河南财经学院学报）》2007 年第 6 期。

李振明：《中国股市财富效应的实证分析》，《经济科学》2001 年第 3 期。

梁宇峰、冯玉明：《股票市场财富效应实证研究》，《证券市场导报》2000 年第 6 期。

刘斌：《最优货币政策规则的选择及在我国的应用》，《经济研究》2003 年第 9 期。

刘金全、马亚男：《股票收益率与通货膨胀率的相关性研究——基于对我国经济周期波动过程的考察》，《吉林大学学报》2009 年第 1 期。

刘士余、王辰华：《中国经济货币化进程：动态演进及实证解说》，《金融研究》

2005 年第 3 期。

刘旭友、何炼成:《论资产替代化解流动性过剩》,《改革与战略》2007 第 7 期。

刘元春:《中国宏观经济分析与预测:2007～2008——财富结构快速调整中的中国宏观经济》,《新金融》2008 年第 2 期。

吕剑:《人民币汇率变动对国内物价传递效应的实证分析》,《国际金融研究》2007 年第 8 期。

罗高升、陈卫平:《基于托宾 q 值的股市实证分析——非流通股解禁对股票市场估值水平的影响》,《当代经济》,2008 年第 10 期(上)。

骆祚炎、刘朝晖:《资产结构、收入结构与股市财富效应》,《财经科学》2004 年第 4 期。

米尔顿·弗里德曼:《弗里德曼文粹》,首都经济贸易大学出版社 2001 年版。

马冀勋:《托宾的 q 投资理论与资本市场均衡机制》,《中央财经大学学报》,2008 年第 10 期。

马克思:《资本论》第 3 卷,人民出版社 1975 年版。

秦丽:《利率自由化背景下我国居民金融资产结构的选择》,《财经科学》2007 年第 4 期。

邱崇明等:《资产替代与货币政策》,《金融研究》2005 第 1 期。

邱崇明、张亦春、牟敦国:《资产替代与货币政策》,《金融研究》2005 年第 1 期。

任啸、彭卫民:《货币政策的股票市场传导渠道》,《大连理工大学学报》2001 年第 1 期。

邵伏军:《利率自由化改革中的风险及控制》,中国金融出版社 2005 年版。

石建民:《股票市场、货币需求与总量经济:一般均衡分析》,《经济研究》2001 年第 5 期。

史代敏、宋艳:《居民家庭金融资产选择的实证研究》,《统计研究》2005 年第 10 期。

谭小芬:《人民币汇率改革的经济效应分析》,《经济学动态》2008 年第 7 期。

谭小芬:《通货膨胀目标制、货币政策规则与汇率》,中国财政经济出版社 2008 年版。

唐建伟:《资产价格波动与宏观经济稳定》,复旦大学出版社 2004 年版。

唐伟霞、朱超:《货币错配与净值损失——来自银行部门的经验证据》,《上海金融》2007 年第 8 期。

汪恒:《资产价格对核心通货膨胀指数的修正》,《数量经济技术经济研究》2007 年第 2 期。

汪伟:《投资理性、居民金融资产选择与储蓄大搬家》,《当代经济科学》2008年第 2 期。

王晓芳、高继祖:《股市收益与通货膨胀率:中国数据的 ARDL 边界检验分析》,《统计与决策》2007 年第 4 期。

魏锋:《中国股票市场和房地产市场的财富效应》,《重庆大学学报(自然科学版)》2007 年第 2 期。

魏永芬、王志强:《我国货币政策资产价格传导的实证研究》,《财经问题研究》2002 年第 5 期。

吴卫华:《中国货币需求函数的协整分析》,《上海财经大学学报》2002 年第 1 期。

伍超明:《货币流通速度的再认识》,《经济研究》2004 年第 9 期。

伍志文:《"中国之谜":文献综述和一个假说》,《经济学(季刊)》2003 第 10 期。

伍志文、鞠方:《通货紧缩、资产膨胀与货币政策》,《管理世界》2003 年第 11 期。

夏斌、廖强:《货币供应量已不宜作为我国货币政策的中介目标》,《经济研究》2001 第 8 期。

肖才林:《股票收益与通货膨胀关系的探讨》,《中国物价》2006 年第 2 期。

肖殿荒:《利率变化的消费效应与资产替代效应》,《经济科学》2001 年第 5 期。

谢平、罗雄:《泰勒规则及其在中国货币政策中的检验》,《经济研究》2002 第 3 期。

徐传谌、刘凌波:《对当前价格变动与通货膨胀压力增加的几点认识》,《财贸研究》2007 年第 5 期。

许涤新主编:《政治经济学辞典(上)》,人民出版社 1980 年版。

许召元:《中国的潜在产出、产出缺口及产量—通货膨胀交替关系——基于"Kalman 滤波"方法的研究》,《数量经济技术经济研究》2005 年第 12 期。

姚涛、杨欣彦:《证券交易印花税调整对股价波动性的效应评估》,《财经科学》2008 年第 11 期。

伊特韦尔、新帕尔格雷夫:《经济学大辞典(第 1 卷)》,北京经济科学出版社 1992 年版。

易纲、宋旺:《中国金融资产结构演进》,《经济研究》2008 年第 8 期。

易宪容:《CPI 失真扭曲经济行为亟待调整》,《上海证券报》2007 年 1 月 19 日。

余明:《资产价格金融稳定与货币政策》,中国金融出版社 2003 年版。

于学军:《谨防资产泡沫型通货膨胀》,《银行家》2007 年第 12 期。

余元全:《股价和房价影响我国消费的比较分析》,《改革与战略》2008 年第 9
　　期。

余元全、康庄、黄承锋:《资产净值、信贷扩张与投资支出》,《财经科学》2008
　　年第 6 期。

余元全、周孝华、杨秀苔:《资产价格对我国产出的影响——基于 IS-PC 模型
　　的实证分析》,《财经科学》2008 年第 1 期。

张纯威:《人民币升值抑制通胀效应的实证检验》,《财贸经济》2008 年第 7
　　期。

张红:《房地产经济学讲义》,清华大学出版社 2004 年版。

张屹山、张代强:《前瞻性货币政策反应函数在我国货币政策中的检验》,《经
　　济研究》2007 年第 3 期。

张勇:《资产替代、金融市场交易和货币流通速度的稳定性》,《中央财经大学
　　学报》2007 年第 1 期。

赵兴球:《通胀、产出与股票价格关系实证研究》,《统计研究》1999 年第 1 期。

钟伟、巴曙松、高辉清:《对当前宏观经济的一些看法—兼论资产价格膨胀下
　　的宏观调控》,《经济学动态》2007 第 10 期。

周京奎:《金融支持过度与房地产泡沫——理论与实证研究》,北京大学出版
　　社 2005 年版。

Alchian, A., B. Klein, "On a correct measure of inflation", *Journal of
　　Money, Credit & Banking*, 1973, Feb.

Ariel, Burstein T., C. Neves and T. Rebelo, "Investment Prices and Ex-
　　change Rates: Some Basic Facts", CEPR Discussion Paper, 2004, No.
　　4290.

Arjun Chatrath, Sanjay Ramchander and Frank Song, "Stock prices, inflation
　　and output: Evidence from India", *Journal of Asian Economics*, 1996, 7,
　　2.

Ball, L., "Efficient rules for monetary policy", *International Finance*, 1999,
　　2.

Barth, M. J., V. A. Ramey, "The cost channel of monetary transmission",
　　in B. Bernanke and K. Rogoff, eds., *NBER Macroeconomics*, 2001, An-
　　nual vol. 16.

Batten, D. S. , R. W. Hafer, "The impact of international factors on U. S. inflation: An empirical test of the currency substitution hypothesis", *Southern Economic Journal*, 1986, 53.

Bernanke, Ben S. and Mark Gertler, "Agency Costs, Net Worth, and Business Fluctuations." *The American Economic Review* 79. 1989. No. 1.

Bertaut, C. , "Equity prices, household wealth, and consumption growth in foreign industrial countries: wealth effects in the 1990s", International Finance Discussion Papers No. 724, Board of Governors of the Federal Reserve System. 2002.

Billi, R. M. , "Optimal inflation for the U. S. economy", Revised version of RWP 07 – 03, Federal Reserve Bank of Kansas City, 2008.

BIS, "The role of asset prices in the formulation of monetary policy", BIS Conference Papers, 1998.

Boldin, M. D. , "A New Era for Inflation or Will Inflation Pick Up Before This Expansion Ends?" Unpublished paper, Conference Board, 1998.

Boone, L. , C. Giorno, and P. Richardson, "Stock Market Fluctuations and Consumption Behavior: Some Recent Evidenc", OECD Economics Department Working Papers, No. 308, 1998.

Bryan, Cecchtti and Sullivan, "Asset Prices in the Measurement of Inflation", NBER, working paper No. 8700, 2002.

Calvo, G. A. , C. A. Ve'gh, "Currency substitution in developing countries: An introduction", *Revista de Ana'lisis Econo'mico*, 1992, 7.

Case, K. E. , J. M. Quigley, R. J. Shiller, "Comparing wealth effects: the stock market versus the housing market", National Bureau of Economic Research, Working Paper 8606, Cambridge, MA. 2002.

Cecchetti, S. G. , H. Genberg, J. Lipsky, S. Wadhwani, "Asset Prices and Central Bank Policy", *International Centre for Monetary & Banking Studies*, London, 2000.

Charles, T. , S. Timothy, Matthius Paustian, "Inflation persistence, inflation targeting and the Great Moderation," Working Paper 0721, Federal Reserve Bank of Cleveland, 2007.

Chetty, V. K. , "On measuring the nearness of the near-moneys", *American Economic Review*, 1969, 59.

Chowdhury, M. Hoffmann, A. Schabert, "Inflation dynamics and the cost channel of monetary transmission", *European Economic Review*, 2006, 50.

Danthine, J. P., J. B. Donaldson, "Inflation and Asset Prices in an Exchange Economy", *Econometrica*, 1993, 54.

David, E., "The long-run relationship between inflation and real stock prices", *Journal of Macroeconomics*, 2002,24.

Davis, S. J., J. Haltiwanger, "Sectoral job creation and destruction responses to oil price changes", *Journal of Monetary Economics*, 2001, 48.

Engelhardt, G. V., "House prices and home owner saving behavior", *Regional Science and Urban Economics*,1996,26.

Fabio, Canova, De Nicolo Gianni, "Monetary disturbances matter for business fluctuations in the G-7", International Finance Discussion Papers 660, 2000.

Fama,E., "Stock Returns, Real Activity, Inflation and Money", American Economic Review,1981, 71.

Fama, E., G. Schwert, "Asset returns and inflation", *Journal of Financial Economic*,1977,vol. 5(2) November.

Feldstein, M.,"Inflation and the stock market", *American Economic Review*, 1980, 70.

Feldstein, M.,"Inflation, tax rules and the stock market", *Journal of Monetary Economics*, 1980, 6.

Filardo, A., "Monetary policy and asset prices", Federal Reserve Bank of Kansas City,Economic Review, No.3, 2000.

Fishe, Irving,*The theory of interest*, New York: Macmillan, 1930.

France, Modigliani, A. Cohn, Richard, "Inflation and the stock market", *Financial Analyst Journal*, 1979, 35.

Frederic, S., "What does the term structure tell us about future inflation?", *Journal of Monetary Economics*, vol. 25, Issue 1, January 1990.

Friedman, Milton, "The Demand for Money: Some Theoretical and Empirical Results," *Journal of Political Economy*, University of Chicago Press, 1959.

French, K., R. Ruback, G. Schwert, "Effects of nominal contracting on stock returns", *Journal of Political Economy*,1983,91.

Friedman, Milton, "Money and the Stock Market", *Journal of Political E-*

conomy, vol. 96,1988, Issue 2.

Friedman, M. Benjamin, "Conducting monetary policy by controlling currency plus noise: a comment", Carnegie-Rochester Conference Series on Public Policy, 1988, 29.

Friedman, Milton, "The role of monetary policy", *American Economic Review*, 1968,58,1.

Fuchi, Hitoshi, Oda Nobuyuki, Ugai Hiroshi, "Optimal inflation for Japan's economy", *J. Japanese Int. Economies*, 2008, 22.

Bernanke, Ben, Gertle Mark, "Monetary policy and asset price volatility," *Economic Review*, Federal Reserve Bank of Kansas City, 1999, Issue Q. IV.

Geske, R., R. Roll, "The Monetary and Fiscal Linkage between Stock Returns and Inflation", *Journal of Finance*, 1983, 38.

Gilchrist, Simon, V. John, Leahy, "Monetary policy and asset prices," *Journal of Monetary Economics*, Elsevier, January 2002,vol. 49,1.

Giovannini, A. and B. Turtelboom, "Currency substitution", *The Handbook of International Macroeconomics*, Blackwell Publishers, Oxford, 1994.

Girouard, N., S. Blondal, "Housing prices and economic activity", OECD Economics Department Working Paper No. 279, 2001.

Goldberg, P. K., M. M. Knetter, "Goods prices and exchange rates: What have we learned? ", *Journal of Economic Literature*, 1997,35.

Goodhart, Charles, Boris Hofmann, "Asset Prices and the Conduct of Monetary Policy", Working Paper Series. 2000.

Goodhart, Charles, Boris Hofmann, "Asset Prices, Financial Conditions, and the Transmission of Monetary Policy", Paper presented at the conference on "Asset Prices, Exchange Rate & Monetary Policy", Standford University, 2001.

Graham, Bannook, *Dictionary of Economics*, 4th edition, Penguin Books Ltd., 1987.

Haberler, G., "Money and the Business Cycle", in Q. Wright ed., *Gold and Monetary Stabilization*, University of Chicago Press, 1932.

Hamilton, J., "Oil and the macroeconomy since World War I", *Journal of Political Economy*, 1983, 91.

Hamilton, J., "This is what happened to the oil price-macroeconomy rela tionship?", *Journal of Monetary Economy*, 1996, 38.

Hamilton, J., "What is an oil shock?", NBER working paper, 2000.

Hayek, F. A., *Monetary Theory and the Trade Cycle*. N. Kaldor &. H. M. Croome(Trans), Jonathan Cape, London, 1933.

Heer, Burkhard, Bernd Sussmuth, "Effects of inflation on wealth distribution: Do stock market participation fees and capital income taxation matter?" *Journal of Economic Dynamics and Control*, Elsevier, January 2007, vol. 31, 1.

Hooker, M. A., "Are oil shocks inflationary? Asymmetric and nonlinear specifications versus changes in regime", *Journal of Money*, *Credit and Banking*, 2002, 34, 2.

Hooker, M., *Oil and the Macroeconomy revisited.*, Federal Reserve Board, 1999.

Hooker, M., "What happened to the oil price-macroeconomy relationship?", *Journal of Monetary Economics*, 1996, 38.

Huntington, H., "Crude oil prices and U. S. economic performance: Where does the asymmetry reside? " *Energy Journal*, 1998, 19.

International Monetary Fund, "Three essays on how financial markets affect real activity", *World Economic Outlook: Recessions and Recoveries* (Chapter 2), 2002.

James, H., W. Mark, "Forecasting Output and Inflation: The Role of Asset Prices," NBER Working Papers 8180, National Bureau of Economic Research, Inc. 2001.

Jensen, M. C., M. Meckling, "Theory of the Firm: Managerial Behaviour, Agency Costs and Ownership Structure", *Journal of Financial Economics* 305 at 311, 1976.

Jeremytein, C. S., "Efficient capital markets, inefficient firms: A model of myopic corporate behavior", *Quarterly Journal of Economics*, 1989, 104.

Jose De Gregorio, Oscar Landerretche and Christopher Neilson, "Another pass-through bites the dust: oil prices and inflation", Working Paper, Central Bank of Chile, 2007.

Kahn, G., R. Hampton, "Possible monetary policy responses to the Iraqi oil shock", *Federal Reserve Bank of Kansas City Economic Review*, 1990, 2.

Kaul, G., "Stock Returns and Inflation: the Role of the Monetary Sector",

Journal of Financial Economics, 1987, 18.

Kiley, M. , "Identifying the Effect of Stock Market Wealth on Consumption: Pitfalls and New Evidence", Federal Reserve Board of Governors, 2000.

Kim, K. , "US inflation and the dollar exchange rate: a vector error correction model", *Applied Economics*, 1998, 30.

Koenig, E. F. , "What's new about the new economy? Some lessons from the current expansion", *Southern Economy*, Federal Reserve Bank of Dallas, 1998, July/August:7 – 11.

Kontnonikas, A. , A. Montagnoli, "Has monetary policy reacted to asset price movement? Evidence form The UK", http: www. brunel. ac. uk. , 2000.

Kuijs, L. , "Monetary Policy Transmission Mechanisms and Inflation in the Slovak Republic", IMF Working Paper WP/02/80, Washington, D. C. : IMF. 2002.

Lebre de Freitas, M. , "The dynamics of inflation and currency substitution in a small open economy", *Journal of International Money and Finance*, 2004, 23, 1.

Lettau, M. , S. C. Ludvigson, "Understanding trend and cycle in asset values: reevaluating the wealth effect on consumption", *American Economic Review*, 2004, 94.

Lucas, E. , Jr. Robert, "Expectations and the Neutrality of Money", *Journal of Economic Theory*, 1972,4.

Lucas, E. , Jr. Robert, "Some International Evidence on Output-Inflation Trade-Offs", *American Economic Review*, 1973, 63.

Marshall,G,"Inflation and Asset Returns in a Monetary Economy", *Journal of Finance*, 1992, 57.

McCarthy, J. ,"Pass-through of exchange rates and import prices to domestic inflation in some industrialized economies", *Staff Reports of Federal Reserve Bank of New York*, 2000, vol. 111.

Michaelensen, C. J. , H. M. William,"Theory of the firm: Managerial behaviour, agency costs and ownership structure", *Journal of Financial Economics*, 1976, 3.

Michael, LeBlanc, D. Chinn Menzie, "Do high oil prices presage inflation? " *Business Economics*, 2004, 39, 2.

Miles, M. A. , "Currency substitution: Some further results and conclusions", *Southern Economic Journal*,1981, 43.

Mizen, P. , E. J. Pentecost, "Evaluating the empirical evidence for currency substitution: A case study of the demand for sterling in Europe", *The Economic Journal*, 1994, 104.

Mork, K. ,"Business cycles and the oil market",*Energy Journal*, 1994, 15.

Mork, K. , "Oil and the macroeconomy when prices go up and down: An extension of Hamilton's results", *Journal of Political Economy*, 1989, 97.

Muellbauer, J. , A. Murphy, "Boom and busts in the UK housing market", *The Economic Journal*, 1997, 107.

Nakagawa, Shinobu, Naoto Osawa, "Financial Market and Macroeconomic Volatility-Relationships and Some Puzzles",Bank of Japan Working Paper 00 - 9, 2000.

Nienke Oomes, Franziska Ohnsorge, "Money demand and inflation in dollarized economies: The case of Russia", *Journal of Comparative Economics*, 2005, 33, 3.

Norbert, Funke, "Is there a stock market wealth effect in emerging markets?", *Economics Letters*, 2004, 83, 3.

Partha, Ray, Somnath Chatterjee, "The role of asset prices in Indian inflation in recent years:some conjectures", BIS Working Paper No. 8,2000.

Peebles, Gavin, "Why the Quantity Theory of Money Is Not Applicable to China, Together with a Tested Theory That Is", *Cambridge Journal of Economics*,1992, 16.

Wang Pengfei, Yi Wen, "Inflation dynamics: A cross-country investigation", *Journal of Monetary Economics*, 2007, 54, 7.

Phelps, E. S. , " Phillips Curves,Expecta-tions of Inflation and Optimal Unemployment over Time", *Economica*,1967, 34.

Phelps E. S. , "Money-Wage Dynamics and Labor-Market Equilibrium", *Journal of Political Economy*, 1968, 76.

Poterba, J. M. , "Stock market wealth and consumption", *The Journal of Economic Perspectives*, 2000, 14(2), Spring.

Ramirez-Rojas, C. L. , "Currency substitution in Argentina, Mexico and Uruguay", IMF Staff Paper, 1985, 32.

Randallorck, K. M . , Shleifer Andrei, Vishny Robert, "Management ownership and firm valuation", *Journal of Financial Economics*, 1998, 20.

Ravenna F. , C. E. Walsh, "Optimal monetary policy with the cost channel", *Journal of Monetary Economics*, 2006, 53.

Rigobon, Roberto, Sack Brian, "Measuring the reaction of monetary policy to the stock market," Finance and Economics Discussion Series 2001 – 14, Board of Governors of the Federal Reserve System (U. S.), 2001.

Robert, H. E. , Sau Kim Lum, "House prices, wealth effects, and the Singapore macroeconomy", *Journal of Housing Economics*, 2004, 13, 4.

Sharpe, S. A. , "Reexamining stock valuation and inflation: the implications of analyst's earnings forecasts". *Review of Economics and Statistics*, 2002, 84.

Shleifer Andrei, W. V. Robert, "Large shareholders and corporate control", *Journal of Political Economy*, 1986, 94.

Shiratsuka, Shigenori, "Asset Price Fluctuations and Price Indies", *Institute for Monetary and Economic Studies*, 1999, 2.

Starr-McCluer, Martha, "Stock Market Wealth and Consumer Spending", Washington: Board of Governors of the Federal Reserve System, FEDS Paper, No. 98, 1998: 20.

Stephen, G. , S. Rita, Charles Steindel, "The Unreliability of Inflation Indicators", *Current Issue in Economics and Finance*, Federal Reserve Bank of New York, 2000.

Takatoshi, Ito, N. Yuri, Kiyotaka Sato, "Pass-through of Exchange Rate Changes and Macroeconomic Shocks to Domestic Inflation in Eastern Asian Countries," RIETI Discussion Paper Series, 2005: 05 – E – 020.

Tatom, J. , "Are the macroeconomic effects of oil price changes symmetric?" Carnegie-Rochester Conference Series on Public Policy, 1988, 28.

Teranishi, Y. , "Zero bound on nominal interest rates and ex ante positive inflation: A cost analysis", Working Paper Series, 2003, No. 03 – E – 8, Bank of Japan.

Tobin, J. , "A General equilibrium approach to monetary theory", *Journal of Money, Credit and Banking*, 1969: 11.